에릭 번의
감정 수업

내 안의 감정을 어떻게 다스릴 것인가

에릭 번의 감정 수업

ⓒ 김정현 2022

인쇄일 2022년 7월 13일
발행일 2022년 7월 20일

지은이 김정현
펴낸이 유경민 노종한
책임편집 임지연
기획편집 유노북스 이현정 임지연 류다경 **유노라이프** 박지혜 장보연
기획마케팅 1팀 우현권 **2팀** 정세림 금슬기 유현재
디자인 남다희 홍진기
기획관리 차은영
펴낸곳 유노콘텐츠그룹 주식회사
법인등록번호 110111-8138128
주소 서울시 마포구 월드컵로20길 5, 4층
전화 02-323-7763 **팩스** 02-323-7764 **이메일** info@uknowbooks.com

ISBN 979-11-92300-19-1 (03180)

내 안의 감정을 어떻게 다스릴 것인가

에릭 번의
감정 수업

김정현 지음

Transactional Analysis

유노
북스

나의 감정은
나만이
다스릴 수 있다

　성취와 성공을 위해 기꺼이 자신을 던지는 일쯤은 아무것
도 아닌 사람들이 있습니다. 그러나 이런 사람들도 어느 한
순간에 삶의 의미를 상실하고 우울함에 빠지는 경험을 하지
요. 이들은 시작은 미약하나 미래는 나아질 것이라 기대하며
누구보다 치열하게 살아왔습니다. 그래서일까요. 물 먹은 솜
이불처럼 몸과 기분이 처져서 아무것도 못할 것 같은 상황이
오면 '나 원래 이런 사람 아닌데' 하며 부정적인 감정을 마음
속 깊은 곳에 감춰 버립니다.

　느껴질수록 기분이 좋지 않은 부정적인 감정을 타인에게
말하는 것 역시 어려운 일입니다. 다른 사람들이 자신의 부

정적인 감정 상태를 알아차리고 이렇게 생각할까 봐 걱정되기 때문입니다.

'너도 별것 없는 사람이구나.'
'그렇게 안 봤는데 나약한 아이였구나.'
'그것 하나 이겨 내지 못하는 네가 뭘 할 수 있겠니?'
'요즘 같은 시기에 일할 수 있는 것만으로도 감사해야지.'

실제로 누가 뭐라고 한 것도 아닌데 자기 안에서는 스스로를 다그치는 말이 자꾸만 올라옵니다. 이럴 때는 차라리 쉬지 않고 뭐라도 하는 것이 낫다는 생각이 듭니다.

500만 대중의 사랑을 받은 심리학자 에릭 번의 감정 수업

저는 지난 16년간 조직에서 성과를 내기 위한 수많은 방법과 마인드를 강의해 왔습니다. '죽이 되든 밥이 되든 생쌀보다 나으니 그대여, 어서 자리를 박차고 무엇이든 도전해 봅시다'라고 이야기하며 여러 기업과 강의 현장을 다녔지요.

하지만 고백하건대 이 책을 쓸 무렵의 저는 도전과 열정,

성취, 성공 같은 키워드와는 거리가 멀었습니다. 저는 웃음기를 쏙 뺀 채 무엇인가에 질린 듯한 모습으로 거울 너머를 서글프게 바라보고 있는 스스로를 발견했습니다.

나 자신을 인정해 주기는커녕 더 잘해야 한다는 책임감, 실수에 대한 두려움을 갖고 더 잘하지 못한 나를 채찍질하며 오랜 시간을 자책했습니다. 그렇게 두 번 다시 겪고 싶지 않은 캄캄한 터널 같은 시간을 보내던 중 불현듯 하나의 단어를 발견하게 됩니다. 항상 곁에 두고 봐 왔던 교류분석 책 속에서 유독 이 단어가 커다랗게 보이더군요. 바로 '비판적 부모 메시지'입니다. 저는 이 개념을 통해 다시 앞으로 나아갈 힘을 얻었습니다. 그리고 많은 사람이 에릭 번의 이론으로 힘을 얻기를 바라는 마음에 이 책을 쓰게 되었습니다.

《에릭 번의 감정 수업》은 에릭 번이 창시한 교류분석 이론을 기반으로 쓰인 책입니다. 에릭 번은 심리 치료의 중심 원리를 이렇게 표현하고 있습니다.

"진정한 지식이란 말로만 아는 것이 아니라 어떻게 행동할지를 아는 것이다."

에릭 번은 캐나다 몬트리올 출신의 정신 의학자이자 심리학자입니다. 정신 의학 분야에 지대한 영향을 미친 선구자이자 혁신적인 과학자이지요. 그는 당시 정신 의학계에 지배적인 영향을 미쳤던 정통 프로이트 학파와 결별하면서 눈에 보이지 않는 무의식의 영역이 아닌 실제 세계에서 관찰이 가능한 교류분석 이론을 창시했습니다.

교류분석은 자기를 이해하고 받아들이는 데 유용한 성격 이론입니다. 지금 여기에서 나의 어떤 부분이 작동하고 있는지를 명확하게 보여 줍니다. 국제 교류분석 협회(ITAA)에서는 교류분석을 하나의 성격 이론인 동시에 개인의 성장과 변화를 돕는 체계적인 심리 치료로 정의합니다.

에릭 번은 32년 동안 수많은 저서와 논문을 펴냈습니다. 특히 사람의 성격을 P(Parent, 부모), A(Adult, 어른), C(Child, 아이) 자아라는 세 가지 상태로 나누어 분석하는 '자아 상태 구조 모델'과 '교류 패턴', 500만 대중의 사랑을 받은 '심리 게임', 어린 시절에 쓰이고 부모에 의해 강화되며 이후 사건들로부터 정당화되어 결국 만족스럽지 못한 결말대로 살아가는 '인생 각본' 등의 주요 개념을 발전시켰습니다.

그는 수많은 심리 치료자에게 보다 효과가 빠른 치료법을 전수하고자 했고 '내적 대화(internal dialogue)'를 강조했습니다. 치료자의 목표는 내담자의 내적 목소리에 귀를 기울이고 이제까지 익숙했던 내적 대화의 고리를 끊음으로써 인생 각본의 한계를 뛰어넘는 새로운 선택지를 주는 것이라고 말합니다. 머릿속에서 떠나지 않는 목소리를 몰아내고 다른 목소리로 바꾸는 일은 중요하지만 결코 쉽지 않습니다. 그래서 에릭 번은 환상 속에서든 실제로든 심리 치료자를 가까이 두어야 한다고 했지요.

내가 나의 조력자가 되어 주는 치유의 심리학

지금부터 우리는 스스로의 심리 치료자가 되어 에릭 번이 주목한 머릿속의 어떤 목소리를 몰아내려고 합니다. 그중에서도 나를 부정적인 감정에 빠뜨리는 '비판적 부모 메시지'를 중점적으로 알아보고 이를 다스리는 법을 소개하겠습니다.

1장에서는 내 마음의 모양이 어떻게 생겼는지 들여다보고 내 안에 있는 세 가지 자아를 탐색합니다. 그리하여 우리가 사람들과 관계를 맺을 때 어떤 패턴으로 소통하는지, 내가 가지고 있는 장점을 어떻게 끌어내는지를 알아봅니다.

2장과 3장에서는 나의 감정을 컨트롤할 수 없는 이유를 알아보고 나도 모르게 나를 비난하게 되는 다섯 가지 강박 관념을 살펴봅니다. 자꾸만 무언가를 하도록 자신을 몰아세우는 목소리 '드라이버'를 이해하고 다스리는 법, 그리하여 자신을 너그럽게 끌어안을 수 있는 구체적인 방법을 알아보겠습니다.

4장과 5장에서는 나를 부정적인 감정에 빠뜨리는 12가지 내면의 목소리를 파헤쳐 봅니다. 그리고 그 목소리를 몰아내고 부정적인 감정을 긍정적인 감정으로 바꾸는 구체적인 방법을 소개하겠습니다.

이 책을 펴내기까지 저를 '통합된 어른의 자아'로 바로잡아 주신 한국 통합TA연구소 박미현 대표님에게 감사의 인사를 전합니다. 덕분에 교류분석 수련을 지속해 나가는 것이 힘들었던 순간마다 많은 통찰을 얻었습니다. 끝으로 한결같이 지지해 주는 가족에게 감사를 전합니다.

7월 어느 여름, 두 아이가 노는 소리가 들리는 서재에서
김정현

에릭 번 심리학 2단계

왜 나는 감정을
컨트롤할 수 없는가

내면의 목소리 듣기

에릭 번 심리학 3단계

무엇이 나의 감정을 억누르는가

다섯 가지 강박 관념 다스리기

에릭 번 심리학 4단계

어떻게 내 안의 갈등을 잠재우는가

인생 태도 바꾸기

에릭 번 심리학 5단계

부정의 감정에서
긍정의 감정으로 나아가려면

자책감 없는 인생 살기

에릭 번 심리학
1단계

마음의
모양을 알면
감정이 보인다

PAC 자아 상태 보기

Transactional Analysis

Transactional Analysis

마음을 관찰하는
심리학 이론

에릭 번의 교류분석

그림책 《내 마음은》에서는 마음의 모양을 여러 가지로 그리고 있습니다. 어떤 날은 세찬 비를 쏟아 내는 먹구름, 어떤 날은 물웅덩이, 어떤 날은 여린 새싹, 어떤 날은 캄캄한 밤하늘의 빛이자 안내자가 되기도 하지요. 내 마음은 쨍그랑 깨지는 날도 있지만 이 그림책에서는 다친 마음은 나을 수 있고, 꽁꽁 닫힌 마음은 창문처럼 언젠간 다시 열 수 있다고 말합니다.

우리는 어른이 되었습니다. 흔히 어른이 되면 자신의 삶에 책임을 지고, 주어진 역할을 잘 해낼 수 있게 된다고 생각합니다. 하지만 어른이 된 우리는 어떤 삶을 살고 있나요? 마음을 다스리기는커녕 불안하고 주눅이 드는 경우가 많습니다. 부정적인 감정이 느껴져도 아무 일 없는 척, 괜찮은 척을 하며 애써 가던 길을 갈 뿐입니다. 왜냐하면 나도 내 마음을 잘 모르기 때문입니다.

지금 내 마음이 어떻기에 내가 이렇게 반응하는 건지, 왜 자꾸만 일이 틀어지고 관계가 꼬이는 건지, 관계 속에서 나는 왜 매번 손해를 보는 듯한 기분이 드는 건지 누구도 그 이유를 말해 준 적이 없습니다. 그 이유를 스스로 생각하면 할수록 나의 심경만 복잡해집니다. 당면한 삶의 과제를 해내기에도 바쁜 탓에 내 마음을 알아가는 일은 자꾸만 우선순위에서 밀려납니다. 그러다 보면 신체에 병이 생기듯이 마음도 아프다는 신호를 보냅니다.

그런데 만약 《내 마음은》의 내용처럼 나의 마음이 어떻게 생겼는지 그 모양을 알 수 있다면 내 마음을 다스리는 일이 조금은 쉬워질지도 모릅니다. 마음의 구조를 이해하면 과거에 내가 왜 그렇게 행동했는지 들여다볼 수 있어서 다음에는 보다 현명한 선택을 할 수 있을 테니까요. 또한 나에게 부정적인 자극을 주는 것과 거리를 둘 수도 있고, 상처 입고 아픈 기억을 발견했다면 새살이 돋을 때까지 약을 발라 주고 호호 불어 주기에도 수월할 것입니다.

빠르고 효과적으로 마음을 치유하는
에릭 번의 교류분석

그렇다면 어떻게 내 마음을 들여다볼 수 있을까요? 여기 우리와 비슷한 고민을 했던 사람이 있습니다. 바로 교류분석 이론의 창시자 에릭 번입니다. 에릭 번은 미국의 정신과 의사였습니다. 1935년에 의과 대학을 졸업하고 당시 대부분의 정신 의학자들이 그러했듯이 정신 분석의 선구자인 프로이트에 매료되어 정신 분석가가 되기 위한 수련을 했지요. 하지만 1943년에 군에 입대를 하면서 그의 생각은 완전히 달라졌습니다.

그가 군에 입대한 시기는 제2차 세계 대전이 발발했던 때입니다. 이 시기는 심리 치료, 상담 심리학이 비약적으로 발전한 때이기도 합니다. 전쟁이 지속됨에 따라 신체적 외상과 더불어 심리적 장애를 호소하는 병사들이 속출했고, 전쟁으로 부모를 잃은 아이들이 허다했습니다. 이 상황을 조속히 안정화시키지 않는다면 국가적으로도 큰 손해를 입을 것이 너무도 당연했기 때문에 당시 심리학자들이 전쟁으로 피해를 입은 사람들에게 전문적인 도움을 제공할 기회가 많았습니다.

에릭 번 역시 사람들에게 심리적인 도움을 주는 전문가 중한 명이었습니다. 에릭 번은 전쟁으로 극심한 고통을 받고 있는 사람들을 보면서 어떻게 하면 보다 효과가 빠르게 나타나는 치료를 할 수 있을지를 고민하게 됩니다. 아무리 좋은 치료법이라 한들, 회복이 시급한 사람들을 데려다 푸른색 소파에 눕혀 두고 수십 회기에 걸쳐 무의식을 분석하는 것은 전쟁 상황과 맞지 않는 일이었으니까요.

만약 우리의 마음도 몸처럼 눈으로 관찰할 수 있다면 몸에 난 상처를 치료하듯 마음에 난 상처도 보다 빨리 치료할 수 있을 것입니다. 나아가 심리 치료 전공자가 아닌 일반 사람들도 몇 가지 방법만 익힌다면 혼자서도 어느 정도의 지가 치유가 가능할 테니 사람들이 겪는 고통을 조금은 덜 수 있을 것이라는 결론에 이르게 됩니다.

그래서 탄생한 이론이 바로 교류분석입니다.

내 안에 부모, 어른,
아이가 살고 있다

PAC 자아 상태

에릭 번은 많은 사람의 마음을 치료했습니다. 그리고 10여 년 이상을 연구한 끝에 사람의 마음이 어떻게 생겼는지를 정립했습니다. 그림[1-1]처럼 우리의 마음은 P, A, C라는 3개의 원이 나란히 쌓여 있는 모양을 하고 있습니다.

그림[1-1] PAC 마음 그림표

내 마음속의 거대한
기록 저장소

교류분석을 다루는 책으로 전 세계에서 1,500만 부 이상 팔린 베스트셀러 《아임 오케이 유어 오케이》에서는 마음 그림 표의 원을 '거대한 기록 저장소'라고 표현했습니다. 이 책의 견해를 빌리자면 우리가 태어나서 5살(우리나라 나이로 6살)이 될 때까지 경험한 수많은 데이터가 이 거대한 기록 저장소에 축적됩니다. 그중에서도 주 양육자로부터 경험하고 학습한 데이터는 P 안에 고스란히 저장되고, 어린 시절에 내가 자연스럽게 느끼고 행동했던 데이터는 C 안에 기록됩니다. A는 현실적인 문제를 해결할 때 P와 C에서부터 오는 정보를 잘 선택하고 지금 여기의 상황에 알맞게 사용하는 역할을 하는 곳이지요. 그렇다면 P, A, C는 각각 무엇을 의미할까요?

P 안에는 부모 자아가 산다

P는 'Parent'의 약자로 부모로부터 경험한 것들로 만들어진 '부모 자아'입니다.

내 안에 부모 자아가 살고 있다는 말은 앞서 언급했듯이 부모 혹은 부모를 대신한 주 양육자에게서 본받았던 행동, 말투, 생각 등이 이곳에 저장되어 있다는 뜻입니다. 장사를 하느라 평생을 고생한 어머니는 자식에게 절대 장사하는 집에 시집, 장가를 가지 말라고 말합니다. 절친한 친구의 빚보증을 섰다가 가진 돈을 모두 날린 아버지는 부모와 자식 간에도 돈 거래는 절대로 하는 게 아니라고 말하지요.

우리는 부모나 주 양육자가 자신과 타인, 세상을 바라보며 말하고 행동했던 모든 것을 P 안에 저장하고 있습니다. '공부를 해야 성공한다', '돈이 있어야 친구도 있다', '병에 걸리면 집안이 망한다', '여자가 많이 배우면 남자는 일이 안 풀린다'와 같은 낡은 신념부터 '밥을 먹기 전에는 반드시 물 한 모금을 마셔야 소화가 잘 된다', '집으로 들어올 때는 신발을 가지런히 벗어 두어야 복이 들어온다'와 같은 크고 작은 생활 습관까지 말이죠.

C 안에는 아이 자아가 산다

C는 'Child'의 약자로 내가 어린 시절에 경험했던 것들이 모여 만들어진 '아이 자아'입니다.

C에 저장되어 있는 데이터는 우리가 어린 시절에 느끼고 생각하고 행동했던 반응들로 구성되어 있습니다. 따라서 부모 자아가 '모방하는 나'라고 한다면 아이 자아는 '느끼는 나'라고 합니다.

어린 시절, 아빠 엄마의 오고가는 대화 속에서 냉랭한 기운이 감돌 때면 혹여나 큰소리가 나올까 눈치를 보고 두려워했던 나, 사촌 언니와 오빠들이 집에 놀러 온다는 소식을 듣고 침대에서 방방 뛰며 기뻐했던 나, 산타클로스에게 선물을 받기 위해 먹기 싫은 당근도 억지로 먹었던 나처럼 어린 시절의 내가 느낀 감정과 생각, 행동, 반응들이 고스란히 아이 자아에 남아 있습니다. 그리고 지금도 일상생활을 하다 보면 종종 어린 시절의 나와 유사하게 반응할 때가 있습니다.

A 안에는 어른 자아가 산다

A는 'Adult'의 약자로 '어른 자아'입니다.

여기에서 말하는 '어른'은 일반적인 의미의 어른과 조금 다릅니다. 어른 자아가 하는 일은 한마디로 '현실 검증'입니다. 어른 자아는 지금 이 상황에서 문제를 해결하기 위해 정보를 수집하고 객관적인 평가를 내리는 일을 하지요. 또한 부모와 아이 자아 상태로부터 오는 정보를 근거로 하여 객관적이고 이성적으로 자신의 자아 상태를 적재적소에 사용하는 일을 합니다. 그렇기 때문에 어른 자아는 '사고하는 나'라고 볼 수 있습니다.

이 세 가지 자아를 요리에 비유하자면 부모 자아와 아이 자아는 각각 냉동실과 냉장실, 어른 자아는 요리사가 되겠습니다. 맛있는 요리를 하려면 냉동실(P)에 얼려 둔 재료도 필요할 테고 냉장실(C)에 보관해 둔 재료도 꺼내 써야겠지요. 그리고 이 재료로 맛있게 요리하는 요리사(A)도 필요합니다.

요리사(A)가 솜씨를 발휘해야 맛있는 요리(행복한 나, 친밀한 관계, 적정한 삶)가 만들어질 텐데, 요리사가 제 기능을 하지 못해서 재료가 적게 들어가거나 반대로 너무 많이 들어가 버리면 결코 훌륭한 맛을 내지 못할 것입니다. 혹은 냉장고가 고장이 나서 재료가 상하기라도 하면 식중독(마음의 오염)을 면치 못하게 될 것이고요.

나는 어떤 자아를
자주 꺼내는가

에릭 번은 그림[1-1]을 일컬어 '자아 상태 모델'이라고 말했습니다. 자아 상태란 인식하고 행동하는 과정에서 일관되게 드러나는 행동, 사고, 감정을 말합니다. 간단히 설명해서 북을 치면 북소리가 나고 종을 치면 종소리가 나듯이 사람은 모두 자극에 반응한다는 것입니다.

같은 자극을 받을지라도 어떤 사람은 P에 있는 데이터를 자주 꺼내 쓰는 반면, 어떤 사람은 C 또는 A에 저장된 데이터를 더 많이 사용합니다. 결국 그것이 저마다의 고유한 심리적 지문, 즉 성격적 특징이 되는 것입니다.

만약 다음과 같은 자극이 온다면 여러분은 어떻게 반응하겠습니까?

첨부 파일을 빼먹고 메일을 보낸 부하 직원을 볼 때

1. 애는 입사한 지가 몇 년인데 아직도 이런 실수를 해? 앞으로 이런 일이 없도록 주의를 줘야겠다.
2. 김 대리, 메일에 첨부 파일이 없네요. 다시 보내 주세요.
3. 파일이 없네? 웬일이야. 내가 잘못 봤나? 잊어버렸나 보네. 좀 있다 말해 줘야지.

업무를 여러 번 가르쳐도 헤매는 직장 동료를 볼 때

1. 그렇게 작성하는 게 아니라 메모를 삽입해서 따로 기입해야 한다고 말했잖아요.
2. 시트 왼쪽 가장자리에 있는 메모 삽입 버튼을 클릭해서 작성하시면 됩니다.
3. 김 대리님, 또 이렇게 하셨네. 하하, 뭐야, 진짜. 아이고~

배우자가 요리한 음식의 간이 싱거울 때

1. 오늘 피곤했나? 내가 소금이랑 후추 넣고 한 번 더 끓여 야겠다.

2. (본인 그릇에 담긴 음식에 자신의 기호에 맞게 다시 간 을 해서 먹는다.)

3. 이거 뭐야? 나 오래 살라고 싱겁게 음식 했어? 푸하하, 진짜 싱거워.

1, 2, 3번의 반응 중 대체로 몇 번에 체크를 했나요? 대체로 1번에 체크를 했다면 나는 주로 부모 자아로 반응하는 사람 입니다. 대체로 2번에 체크했다면 어른 자아로, 3번에 체크 를 했다면 아이 자아로 주로 반응하는 사람입니다.

1, 2, 3번에 모두 골고루 체크를 했더라도 괜찮습니다. 왜 냐하면 1번으로만 체크를 했다고 해서 사람의 마음이 항상 부모 자아로만 표출되지는 않기 때문입니다. 우리의 마음은 시시때때로 바뀌고 움직이기 때문에 어느 한 가지에 고정되 지 않습니다. 다만 사람마다 더 많이 머물러 있는 마음 상태 는 있습니다. 그것이 외적으로 발현되었을 때 그 사람의 성 격으로 보이는 것이고요.

자, 이제 궁금해집니다. 나는 주로 어떤 마음에 머물러 있

을까요? 나는 어떻게 말하고 행동하는 사람일까요? 그것을
안다면 좀처럼 나 자신이 마음에 들지 않는 이유도 알 수 있
지 않을까요?

나는 어떤 자아가
강한 사람인가

다섯 가지 성격 유형

우리가 다른 사람과 소통하는 방법은 다섯 가지입니다. 우리의 마음은 부모의 행동을 보고 모방하는 P, 객관적인 데이터에 따라 분석하고 사고하는 A, 아이처럼 행동하고 느끼는 C로 구성되어 있습니다.

부모 자아는 양면성을 지니고 있습니다. 아이가 잘못한 것이 있을 때 엄격하게 혼을 내고 비판하는 부모가 있고, 따뜻하게 안아 주고 감싸 주는 부모가 있는 것처럼 말입니다. 에릭 번은 우리가 부모 자아를 표출할 때 두 가지 성격으로 반응한다고 말했습니다. 바로 '통제적 부모 자아'와 '양육적 부모 자아'입니다.

아이 자아를 표출할 때에도 마찬가지입니다. 자신의 감정을 자유롭게 표현하는 '자유로운 아이 자아'가 있는 반면 부모나 주위 사람들의 눈치를 보고 타인의 의견을 순순히 따르는 '순응하는 아이 자아'가 있습니다.

지금부터는 우리의 마음이 각각 통제적 부모 자아, 양육적 부모 자아, 어른 자아, 자유로운 아이 자아, 순응하는 아이 자아의 상태에 있을 때 어떻게 행동하고 말하게 되는지 그 소통 방식을 알아보겠습니다.

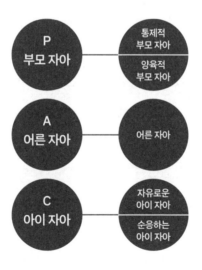

그림[1-2] PAC에 따른 다섯 가지 성격 유형

통제적 부모 자아의 특징
"바로잡아 주고 싶다"

- '해야 해', '하지 않으면 안 돼'라는 표현을 자주 사용한다.
- 어떤 사건의 잘잘못을 가리지 않으면 마음이 편치 않다.
- 상대방의 장점보다 단점이 먼저 보인다.
- 좋고 싫음이 분명하다.
- 규율, 규칙을 잘 지킨다.

통제적 부모 자아가 강한 사람들은 '해야 한다', '하지 말아야 한다'는 말을 자주 합니다. 설령 말로 표현하지 않더라도 머릿속에는 온통 지적하고 싶은 마음이 가득하지요. 이 성격은 마치 자식에게 잔소리를 하는 부모처럼 상대방의 잘못된 점을 바로 고쳐 주려는 것이 특징입니다. 왜냐하면 자신의 가치관이나 사고방식이 절대적으로 옳다고 믿기 때문입니다. 그래서 통제적 부모 자아가 강할수록 마치 매가 표적을 노려보듯 엄격하고 깐깐하게 타인과 세상을 바라봅니다.

어느 날 친구가 새 옷을 샀다며 자랑을 합니다. 물론 예쁘고 잘 어울리지만 예쁜 디자인보다 소매 자락에서 헐렁이고 있는 단추가 먼저 눈에 들어옵니다. 그래서 얼른 그것부터 콕 집어 말해 줍니다.

"새 옷인데 단추가 떨어지려고 하네?"

친구가 아니라 엄마나 언니 같았으면 사기를 당했다느니 안목이 없다느니 조금 더 직설적으로 말했겠지만 친구니까 이렇게만 말하기로 합니다. 하지만 속이 시원하지는 않습니다. 이처럼 우리가 통제적 부모 자아가 강할 때는 좀처럼 제자리에 놓여 있지 않은 물건, 보고서에 쓰인 잘못된 맞춤법, 도무지 이해되지 않는 요즘 젊은이들의 사고방식, 지구의 환경을 하나도 생각하지 않는 이기적인 사람들, 운전할 자격이 없어 보이는 차주들이 자꾸만 눈에 들어오게 되는 것입니다.

양육적 부모 자아의 특징
"너의 아픔이 곧 나의 아픔"

- '잘했어', '그래, 그렇게 하면 돼'라는 말로 상대방을 격려한다.
- 상대방의 입장에 서서 이해한다.
- 남을 잘 돌본다.

- 과잉보호하는 경향이 있다.
- 자율성을 억압한다.

통제적 부모 자아가 가부장적인 성격을 지니고 있다면 양육적 부모 자아는 그 반대라고 할 수 있습니다. 양육적 부모 자아가 강한 사람들은 따뜻하고 온화합니다. '내가 도와줄까?', '그래 잘했어'라는 말을 자주 하며 늘 미소 지으며 상대방을 감싸 안아 줍니다. 또한 이들은 타인의 괴로움을 마치 자기 일처럼 공감하고 감정을 나눕니다. 상대방을 배려하고 보호하는 능력이 탁월하지요.

양육적 부모 자아는 상대방의 좋은 면을 먼저 봅니다. 칭찬과 격려를 아끼지 않습니다. 항상 상대방의 입장을 먼저 생각하기 때문에 아마도 주변 사람들은 양육적 부모 자아가 강한 사람들에게 많은 위로와 희망의 메시지를 받을 것입니다.

만약 친구가 새로 산 옷을 입고 나타나면 상대가 말하기도 전에 먼저 알아차리고 칭찬할 것입니다. 소매 단추가 떨어질 것 같아 보여도 일단 칭찬부터 합니다. 이들은 옷의 상태나 디자인보다는 본인의 말에 기뻐하는 친구의 모습이 더 중요하기 때문입니다.

자유로운 아이 자아의 특징
"세상에, 너무 좋다!"

- 직관력, 상상력, 창의력이 뛰어나다.
- 감정 표현이 풍부하고 본능적이다.
- 밝고 명랑하고 천진난만하다.
- 누구에게도 구속받지 않는다.
- 충동적, 즉흥적, 자기중심적이다.

자유로운 아이 자아가 강한 사람들은 에너지가 밝고 천진난만하며 솔직합니다. 상대방의 말과 행동에 '우와', '나도 나도'와 같은 반응을 자주 하고 '좋아', '싫어', '하고 싶어', '안 할 거야'처럼 욕구를 자유롭게 표현합니다.

우리가 자유로운 아이 자아 상태에 있으면 상대방에게 감정 표현을 잘하게 됩니다. 마치 어린아이가 울고 싶을 때 울고 웃고 싶을 때는 웃는 것처럼 감정을 있는 그대로 드러내는 데에 어려움이 없습니다. 노래를 흥얼거리거나 어깨와 엉덩이를 들썩이며 리듬에 몸을 맡기는 등 실제로 아이처럼 노는 일에도 능합니다.

만약 친구가 새 옷을 샀다고 빙그르르 돌아 보인다면 이들은 엄청난 리액션으로 환대할 것입니다.

"어머나, 세상에! 예뻐, 예뻐. 어디서 산거야? 나도 사야겠
다. 얼마니? 사이즈는?"

그리고 아이처럼 웃고, 박수 치고, 농담을 주고받으면서 함
께하는 시간 동안 재미있는 만남을 이어 갈 테지요.

순응하는 아이 자아의 특징
"나를 오해하면 어쩌지?"

- 타인의 기대에 맞춰 순응하며 따른다.
- 성실하고 섬세하며 안정적이다.
- 싫은 것을 싫다고 말하지 못한다.
- 감정을 드러내지 않고 억누르는 경향이 있다.
- 자기를 깎아내리거나 지나치게 눈치를 본다.

순응하는 아이 자아가 강한 사람들은 자신이 위치한 자리
에서 소리 없이 성실하게 일을 처리해 나갑니다. 자신의 의
견을 주장하거나 감정을 내세우기보다는 '당신이 좋을 대로

하세요. 제가 따르면 되지요'라는 태도를 취하면서 타인을 보좌하고 받들어 주는 편이 오히려 더 쉽습니다. 그래서 리더보다는 참모의 역할이 더 어울리는 사람이기도 합니다.

만약 친구가 새로 산 옷을 입고 등장한다면 순응하는 아이 자아는 친구의 변화를 누구보다 빨리 알아챌 것입니다. 하지만 머릿속에 여러 가지 생각이 떠오르면서 다른 누군가가 말하기 전까지 먼저 이야기하지 않겠지요.

'단추가 떨어질 것 같은데, 괜히 말했다가 기분이 상하면 어떻게 하지?'
'다른 사람과 내 생각이 다르면 어떻게 하지?'
'잘 어울린다는 내 말을 오해하면 어떻게 하지?'

순응하는 아이 자아는 혹여나 자신의 행동 때문에 상대방의 기분이 나빠질까 봐 눈치를 보는 경향이 강합니다. 그래서 예쁘다는 말도, 단추가 떨어질 것 같다는 말도 매우 조심스럽습니다. 마치 부모 뒤에 숨어서 빼꼼히 고개를 내미는 아이처럼 말이지요.

그래서 순응하는 아이 자아가 강한 사람들은 어떤 일이든 자신 있게 "제가 해 보겠습니다"라고 말하는 것을 어려워합니다. 설령 내가 그 일에 능숙하다고 해도 나보다는 다른 사람이 그 일을 처리해야 더 좋은 결과를 가져올 것이라는 막연한 생각이 듭니다. 눈치를 보고 또 보며 자신이 말할 수 있는 타이밍이 왔을 때 비로소 아주 작게 손을 들어 운을 뗄 것입니다.

어른 자아의 특징
"이성적으로 생각해"

- 사실에 근거하여 상황을 판단한다.
- 논리적이고 이성적인 사고를 한다.
- 객관적인 데이터에 근거해서 말한다.
- 말과 행동이 기계적으로 느껴진다.
- 타인에게 차가워 보인다.

누군가를 떠올릴 때 "그 사람은 로봇 같아"라는 말을 해 본 적 있나요? 그는 어떤 느낌을 주는 사람일까요? 재치, 농담, 실수, 인간미, 따뜻함을 의미하는 단어와는 거리가 느껴집니다. 주로 어른 자아 상태에 머무르는 사람들은 합리적이고 생산적인 사고를 합니다. 어떤 문제가 발생하면 감정에 지배되기보다는 이성적으로 판단하여 상황에 맞는 해결점을 타진하는 것이 이들의 특징입니다.

만약 친구가 옷을 새로 샀다며 "나 어때?" 하고 물어본다면 이들은 아마도 옷감의 소재와 가격, 세탁 방법과 보관 방법 등을 꼼꼼히 살펴본 다음 이렇게 말할 것입니다.

"가격에 비해 옷감의 질이 좋네. 이런 옷은 세탁할 때 망에 넣어야 하는 거 알지? 말릴 때는 직사광선을 피해야 돼. 옷걸이에 두면 옷이 처질 수 있으니까 조심하고."

이들은 제품을 고를 때도 상품의 태그를 꼼꼼히 살피며 자신의 필요와 형편에 부합하는지를 따져 보고 구입합니다. 만약 동물적인 감각으로 그저 입맛에 당기는 물건을 골라 계산대로 전진하는 친구가 있다면, 어른 자아가 강한 사람과 함께 구입하러 가는 것을 추천해도 좋을 것입니다. 그러면 적어도 물건을 사고 후회하는 일은 없을 테니까요.

지켜야 할 선이
분명한 마음

통제적 부모 자아

#. 제가 엄격한 걸까요?

직장 동료의 결혼식이 있었습니다. 모든 축하연이 끝나고 난 뒤 저희 팀 과장님의 가족을 만났습니다. 지난번 회사 행사 때도 자리를 함께했던 터라 반가운 마음에 인사를 했지요. 과장님의 옆에는 6살짜리 꼬마 아이가 있었습니다. 눈길을 주고 인사를 건넸는데 이 아이가 엉뚱한 말을 하며 장난만 치는 것이었어요. 그 순간 저도 모르게 "어른을 보면 인사를 해야지. 너는 엄마한테 인사하는 법도 안 배웠니?"라는 말이 튀어나왔습니다. 순간 분위기가 싸늘해지는 것을 느꼈지만 워낙 분주한 장소라 자리는 곧 마무리되었습니다.

하지만 집으로 돌아오는 길에 내가 왜 그런 말을 했을까 후회가 밀려들었습니다. 생각해 보니 매번 이런 식이었습니다. 입사한 지 얼마 안 된 신입 직원에게도 거슬리는 것이 한두 가지가 아닙니다. 화장실은 왜 그렇게 자주 들락거리는지, 회사에 놀러 온 것도 아닌데 옷 스타일은 왜 그렇게 자유분방한지, 서류 작성 양식을 몇 번이나 알려 주어도 왜 똑같은 질문을 하는지 도저히 이해할 수가 없습니다. 신입 직원뿐만 아니라 다른 사람들을 봐도 답답합니다. 적어도 함께 일하는 장소에서는 서로 지켜야 할 에티켓이 있는데, 백번 말해도 사람들은 잘 모르는 것 같아서 화가 납니다. 제가 소위 '꼰대'인 걸까요? 이제는 제가 이상한 사람인가 하는 생각이 듭니다.

마음의 선이 분명한 당신,
'편안함'을 길러라

우리는 종종 자신이 했던 말과 행동, 타인과 주고받았던 대화를 떠올려 보며 '내가 그때 왜 그런 말을 했지?', '왜 나에게만 이런 일이 생기는 거야?'라는 생각이 들 때가 있습니다. 수많은 교육 워크숍을 다니면서 만난 많은 사람이 실제로 이런 반응을 보이곤 합니다.

"제가 이상한 사람인가요?"

그 어떠한 성격도 이상하지 않습니다. 좋은 성격, 안 좋은 성격이 따로 있지 않으니까요. 어떤 성격이든 동전의 양면처럼 긍정적인 면과 부정적인 면을 모두 가집니다. 그러므로 우리는 자신의 성격 특징을 잘 이해한 뒤에 부정적인 면은 낮추고, 긍정적인 면은 최대한 활용하면 됩니다. 그렇게 해야하는 이유는 다른 누구를 위해서가 아니라 내가 편안해지기 위해서입니다. 평생토록 '내가 왜 이러지?', '쟤는 왜 저러지?'하는 불편한 마음으로 매일을 살기에는 나의 시간이 너무나도 짧고 값지기 때문입니다.

통제적 부모 자아가 강해지면 소신을 넘어 확고하리만큼 선이 분명해집니다. 장점으로는 어떤 문제가 발생하면 비판적인 시각으로 원인을 파악하기 때문에 좋은 안목을 가졌다고 할 수 있습니다. 자기주장이 강하고 가치관이 뚜렷해서 어떤 일을 할 때 일의 공과 사를 확실히 구분하는 태도로 이어집니다.

또한 통제적 부모 자아가 강한 사람들은 주어진 일을 확실히 처리하고 어떤 일이든 책임감 있게 임합니다. 적어도 일을 하면서 다른 사람을 걱정시키거나 실망을 끼치지는 않는 것이지요. 이러한 태도는 흔히 리더에게 요구되는 자질과 상당 부분 부합합니다. 일을 밀고 나가는 추진력과 사람들을 다루는 통솔력이 뛰어납니다. 빠른 일 처리, 명확한 업무 지시, 임무 수행에 따른 정당한 평가, 규율과 규칙에 입각한 사고방식으로 리더의 역할을 충실히 해내는 것이 바로 이 성격의 강점입니다.

어떤 사람은 이렇게도 말합니다. 현시대에 필요한 리더는 수직적인 리더십이 아니라 수평적인 리더십을 발휘하는 사람이라고 말입니다. 하지만 그렇다고 해서 이런 성격이 사회에 필요하지 않거나 의사 결정을 전혀 하면 안 되는 것은 아닙니다. 통제적 부모 자아의 에너지가 높게 나타나는 사람이 자신의 장점과 단점을 잘 알아차리고 단점을 보완한다면 오히려 어떤 그룹에서도 환영받는 사람이 되기 쉽습니다.

이들은 어떤 점을 보완하면 좋을까요? 자신만의 선이 뚜렷하다는 특징이 때로는 상대방에게 위압감을 줄 수도 있습니다. 옳은 것은 옳다고, 아닌 것은 아니라고 강하게 주장하는 탓에 반대 입장에 선 사람은 그 에너지에 압도되어 주눅이 들거나 불편한 마음이 들기 쉽거든요.

"이게 다 너에게 잘되라고 하는 말이야."

혹시 이런 말을 해 본 적 있나요? 상대방이 잘되길 바라는 마음에서 우러나온 조언인 만큼 내 말을 잔소리처럼 듣는 그 사람이 답답하고 미울 때도 있습니다. 내가 속한 조직이 좋은 성과를 거두면 나도 잘된다는 뜻에서 한 말인데 그 마음을 몰라주니 답답하지요.

이렇게 자기주장이 강한 성격을 강점으로 만들기 위해서는 적당한 '편안함'이 필요합니다. 바로 따뜻하고 부드러운 말투, 상대방의 의견도 옳다는 마음가짐을 가져야 합니다.

말투 하나로 갈등을 빚는 남편 이야기

한 TV 프로그램에서 부부가 대화를 합니다. 남편은 돌부리에 자주 걸려 넘어지는 아내가 안쓰럽습니다. 그래서 속상한 마음에 이렇게 말합니다.

"넌 뚱뚱하니까 넘어지면 안 돼. 가속이 붙으니까 더 크게 다친단 말이야."

아내를 향한 남편의 마음에 아무리 걱정이 담겨 있다고 해도 이런 식의 말투라면 아내는 남편의 마음을 알기는커녕 대화를 끝내고 싶은 마음만 들겠지요. 상대방이 염려스러운 마음, 잘되기를 바라는 마음이 있다면 따뜻한 말투로 표현해 보세요. 당신의 생각보다 더 따뜻하게 말해도 전혀 이상하지 않습니다. 어쩌면 그게 나의 본모습일지도 모르니까요. 흔들리지 않는 편안함으로 부드럽게 표현해 봅시다. 그렇게 해도 괜찮습니다.

상대방을
지나치게 배려하는 마음

양육적 부모 자아

#. 상대방의 마음이 내 마음 같지 않아서 섭섭해요

일하다 보면 남들보다 일찍 출근하고도 늦게 퇴근하는 일이 다반사입니다. 몸은 고되지만 좋은 사람들과 함께 보람되게 일했습니다. 하지만 때때로 자그맣게 밀려오는 섭섭함과 쓸쓸함이 없다고는 말할 수 없겠지요.

대개 매월 셋째 주가 되면 다음 달 휴무 계획을 세웁니다. 저는 보통 주말이나 공휴일 앞뒤 날은 아이들을 키우는 직원들에게 휴일을 양보했습니다. 어린 시절에 부모님이 주말까지 일을 하셨기에 부모와 함께 시간을 보내고 싶은 아이의 마음을 누구보다 잘 알기 때문입니다. 이런 배려가 습관이 되다 보니 제가 결혼을 하고 아이를 낳은 지금까지도 계속 양보하게 되었습니다.

또 이곳에서 10년 넘게 근무하다 보니 직원들이 어떤 부분을 힘들어하는지가 눈에 훤할 때가 많습니다. 그때마다 조용히 다가가서 고충을 들어 주고 격려하고 때로는 어르고 달래면서 남모르게 신경을 쓴 게 어디 한두 번일까요. 한번은 저와 함께 일했던 차장님이 저희 지점으로 발령되었다는 소식을 들었습니다. 그래서 몇몇 직원에게 그분의 인상착의, 성격, 좋아하고 싫어하는 것을 대략적으로 알려 주었습니다. 그런데 한 직원이 이렇게 말하는 게 아니겠어요?

"그분이 오면 제가 직접 파악할게요. 일일이 말씀 안 해 주셔도 됩니다."

적잖게 충격을 받았습니다. 사람들이 다 내 마음 같지 않구나 싶었거든요. 좋은 게 좋은 것이라 생각하고 사람들에게 양보하고 알려 주고 배려했는데 이런 나의 호의가 누군가에게 도움은커녕 오히려 불편함이 되었겠구나 하는 비참함마저 들었지요. 돌이켜 보니 이런 일이 있을 때마다 저도 상처를 받았나 봅니다. 직원의 대수롭지 않은 한마디에도 이렇게 마음이 쓰이는 것을 보면 말입니다.

남을 위해 시간을 쓰고 마음을 주면서도 좋은 소리 한번 듣지 못하는 나. 좋아서 하는 배려이지만 때로는 사람들이 내 마음을 알아주지 않는 것 같아서 참 섭섭합니다.

아낌없이 주는 당신, '과잉보호'를 주의하라

양육적 부모 자아가 강한 사람일수록 타인을 향한 배려심이 깊습니다. '내가 조금 손해를 보더라도 그 사람을 위해서라면 괜찮아. 이 정도는 내가 해 줄 수 있어'라는 마음으로 상대방에게 신경을 쓰는 것이죠.

하지만 상대가 내 마음과 같지 않다고 느끼면 곧잘 상처를 받기도 합니다. 가령 '내가 너무 챙겼나? 내가 돕지 않아도 알아서 잘할 텐데. 괜히 한마디 더 해서 어색해진 건가?'라는 생각에 빠져 괴로워하지요. 야속하게도 상대방이 나의 배려심을 몰라줄 때가 많습니다. 물론 알아봐 주기를 바라서 도움을 주는 것은 아닙니다만, 상처가 쌓이니 자꾸만 섭섭한 마음이 드는 것도 사실입니다.

혹시 이런 생각이 든 적 있나요?

'내가 호구인가?'

아닙니다. 당신은 그저 진심으로 상대가 잘되길 바라는 마음을 가진 보호적이고 따뜻한 사람이라 그렇습니다.

양육적 부모 자아가 강한 사람이 자신의 성격을 강점으로 살리기 위해서 반드시 하지 말아야 할 한 가지가 있습니다. 그것은 바로 '과잉보호'입니다. 과잉보호는 상대방이 나를 의존하게 만듭니다. 처음에는 선의로 한두 번 도와주었을 뿐이지만 시간이 갈수록 점점 내 역할이 늘어나게 될 것입니다.

안타깝게도 이런 선의가 반복될수록 상대방이 고마움을 느끼는 마음은 옅어집니다. 물론 매번 '고맙다', '미안하다'고 말하기가 멋쩍어서 표현하지 않은 것일 수도 있겠지만 그들을 위했던 나의 선의가 너무도 당연한 것으로 취급되는 것 같아 마음이 아파집니다. 거기에다 크고 작은 오해가 생겨서 마음에 상처가 쌓인다면 최악의 경우에는 서로 얼굴을 보지 않게 되는 경우도 왕왕 발생하지요.

만능 해결사 김 대리 이야기

이런 사례가 있습니다. 회사에서 프린터만 고장 났다 하면 김 대리가 바쁘게 움직입니다. 김 대리는 프린터를 잘 고칩니다. 직접 고치지 못할 때에는 수리 센터에 척척 전화도 해줍니다. 만약 수리 기사님이 늦게 온다고 하면 사용하지 않는 프린터를 가지고 와서 다른 직원들의 편의를 살뜰히 챙깁니다. 이 방법 저 방법을 다 쓰고도 해결되지 않으면 '못 고쳐서 미안하다'는 말까지 합니다.

김 대리는 그저 좋은 마음으로 고장 난 프린터를 고쳐 주었을 뿐입니다. 내 일을 조금 미루더라도 모두가 사용하는 프린터는 누군가가 꼭 고쳐야 했으니까요. 그런데 몇 번 나서서 도움을 주니 이제는 사람들이 틈만 나면 김 대리를 찾습니다. 그 어떤 직원도 스스로 문제를 해결하려고 노력하지 않게 됩니다. 더 슬픈 것은 김 대리가 바쁜 와중에 시간을 쪼개서 도움을 준다는 것을 누구도 알아주지 않습니다. 김 대리가 더 이상 시간을 쓰기가 어렵다며 고충을 토로하기라도 하면 사람들은 속으로 이렇게 생각합니다.

'본인이 좋아서 해 놓고는 이제 와서 왜 저래?'

이것은 고장 난 프린터에만 해당하는 문제가 아닙니다. 친구나 동료를 대할 때도, 혹은 직원을 육성하거나 아이를 키울 때도 마찬가지입니다. 양육적 부모 자아가 강한 사람들에게는 적당히 거리를 둔 따뜻함이 필요합니다. 잘해 주고 마음을 다치지 마세요. 예전과 달라진 당신의 모습을 보고 '왜 그때처럼 잘해 주지 않는 것이느냐'고 욕해도 되는 사람은 아무도 없습니다. 왜냐하면 당신은 이미 할 만큼 했으니까요. 이제는 그렇게 하지 않아도 괜찮습니다.

틀에 얽매일수록
답답한 마음
자유로운 아이 자아

#. 어딘가에 얽매이는 것이 싫어요

제 옆자리에는 애증의 직장 상사가 앉아 있습니다. 제가 신입이던 시절부터 일을 가르쳐 주고 회사 생활의 노하우를 알려 준 선배이지요. 때로는 제가 미처 챙기지 못했던 부분까지 꼼꼼하게 체크해서 알려 주고 때로는 따끔하게 혼을 내기도 했으니 돌이켜 생각해 보면 선배 덕분에 일을 참 많이 배웠습니다.

한편으로는 고마움이 있지만, 한편으로는 마음에 들지 않는 구석도 있습니다. 저희 회사는 출근 시간이 아침 9시입니다. 그런데 이 선배는 항상 아침 7시 30분에 출근해서 자리를 정리하고 책을 읽으며 하루를 시작합니다. 거기까지는 좋습니다. 자기가 좋아서 하는 일이니까요. 그런데 문제는 저에게까지 이른 출근을 제안하는 데서 시작되었습니다.

"난 네가 아침에 일찍 나와서 나랑 책을 읽으면 좋겠어. 그게 남들 보기에도 좋지 않겠니?"

사실 저는 이 선배와 생각이 다릅니다. 업무에 지장이 없도록 9시 이전까지만 회사에 도착하면 되고, 내 일만 잘하면 다른 사람까지 신경 써 가며 일찍 출근하는 것은 그다지 중요하지 않다고 생각합니다. 하루는 선배가 점심을 먹고 남은 시간에 근처 문구점을 가자면서 "다른 직원들이 네 자리를 보면 무슨 일을 하는 사람인지 모르겠다. 적어도 일하는 자리만큼은 그 사람의 이미지가 드러나야 하지 않겠니?"라며 제 자리를 꾸밀 문구 용품을 사러 가자는 것입니다. 그래서 저도 솔직하게 제 마음을 선배에게 말했습니다.

"네, 맞는 말씀이시죠. 하지만 저는 괜찮아요. 그냥 하고 싶은 일을 재미있게 하면 그만이지 복잡하게 이미지까지 따져 가며 생각하고 싶지 않아요, 선배님."

친구들에게 이 일을 이야기했더니 저더러 개념이 없다며 한바탕 웃고 난리가 났습니다. 아무리 오래 봤다고 해도 회사 선배에게 거침없이 감정을 이야기하는 제가 신기하다 못해 특이하다고 합니다. 때로는 '모르는 척 잠수를 탈까?' 하는 생각도 듭니다. 애인도 나를 구속하지 않는데 더 이상 간섭받지 않고 자유로운 영혼으로 살고 싶습니다. 이런 제가 이상한가요?

자유분방한 영혼을 가진 당신, '경계'를 세워라

자유로운 아이 자아가 강할수록 구속받기를 싫어하고 형식에 얽매여 본인의 감정이나 행동을 통제하는 일에 어려움을 느낍니다. 아이 자아는 우리가 아주 어린 시절부터 느끼고 표현했던 데이터들이 저장된 장소입니다. 어쩌면 우리의 마음 중에서 가장 타고난 부분이기도 하지요. 특히 자유로운 아이 자아는 때 묻지 않은 아이처럼 떠오르는 대로 표현하고 행동합니다. 그런데 만약 어린아이가 호기심을 가지고 무언가를 하려고 할 때 부모가 저지한다면 아이의 기분이 어떨까요? 아마 답답하고 속상한 마음에 울음을 터뜨릴 것입니다.

성인이 된 지금도 자유로운 아이 자아가 튀어나온다면 상황은 마찬가지입니다. 그래서 자유로운 아이 자아가 강한 사람이 누군가에게 간섭을 받거나 현실을 고려해서 본능을 억눌러야 하는 상황과 부딪히면 많은 스트레스를 받습니다.

이런 우리를 보며 천진난만하다고 말하는 사람도 있을 것입니다. 이 성격과 반대로 매우 현실적인 사람이라면 '철이 없다', '경솔하다', '무섭고 복잡한 세상을 어떻게 살아가려고 하느냐'며 조언의 모습을 한 충고를 일삼을 수도 있겠습니다. 하지만 다른 사람이 뭐라고 하든 상관없습니다. 지금까지 타인의 입맛에 맞춰 왔다면 이제는 오롯이 나만 생각할 때입니다. 때로는 호기심이 가득하고 창의적이며 순수한 시선으로 세상을 바라보는 일도 필요합니다.

자유로운 아이 자아가 강한 사람이 자신의 성격을 보다 긍정적으로 활용하기 위해서 염두에 두어야 할 점이 있습니다. 그것은 바로 '바운더리'를 세우는 것입니다. 바운더리란 경계선이라는 뜻입니다. 평소에 자유로운 아이 자아의 에너지를 부정적으로 사용할 때 필요한 처방전이기도 하지요.

자유로운 영혼 김 매니저 이야기

영업 일을 하고 있는 김 매니저의 예를 들어 보겠습니다.

김 매니저는 항상 재치가 넘치고 기발한 아이디어로 직원들을 곧잘 웃게 만드는 사람이었습니다. 함께 있는 사람을 즐겁게 만드는 매력 때문인지 고객들 사이에서도 인기가 좋았지요. 또 본인의 일에도 매우 열정적이라서 목표한 것보다 더 큰 성과를 낼 때도 많았습니다.

하지만 이런 김 매니저에게도 결정적인 약점이 하나 있었는데요. 그것은 바로 기본을 지키지 않는 태도였습니다. 예컨대 출퇴근을 할 때는 반드시 출결 기계에 카드를 찍어서 근태 관리 시스템에 기록을 남겨야 합니다. 영업 이익으로 먹고사는 회사에서 매출 못지않게 중요하게 여기는 것이 바로 근태입니다. 근태는 실제로 인센티브에도 꽤 큰 비중을 차지하는 항목입니다. 그런데 김 매니저는 출퇴근은커녕 외출이나 휴가 일정도 제대로 기록하지 않았습니다. 다음 근무자에게 반드시 언급해 주어야 하는 사항도 어느 때는 전달을 했다가 어느 때는 말도 없이 퇴근을 하고 휴가를 내는 일이 발생했지요. 그러다 누군가가 이런 점을 지적하며 주의를 줄 때면 얼마나 너스레를 떠는지 '알겠습니다'라며 하하하 웃고만 있습니다. 왜 그러는지 이유를 물어보면 출결 카드를 집에 두고 와서 그렇답니다. 하지만 예상컨대 본인이 중요하게 생각하는 부분을 제외하고는 사실 그다지 관심이 없기 때문에 이런 일이 벌어진 것이지요.

　자유로운 아이 자아가 강한 사람들은 본인이 흥미롭게 생각하는 일에 집중하는 만큼이나 자신이 소속된 조직에서 요구하는 기본적인 사항을 지키는 자세가 필요합니다. 전에는 미처 관심을 두지 않았던 일, 재미없고 골치 아프지만 진즉에 지켜야 했던 작은 규칙들을 하나씩 챙겨 보는 연습을 해 봅시다. 아마 처음에는 잘 잊어버리거나 놓쳐서 자책하는 일이 생길 수도 있겠습니다만 그래도 좋습니다. 누구도 아닌 나를 위해서라도 변화는 필요했습니다. 이럴 때는 조금 나답지 않게 행동해도 괜찮습니다.

힘들어도
꾹 참고 견디는 마음
순응하는 아이 자아

#. 참고만 사는 스스로가 답답합니다

나와 너무 다른 모습에 끌려 고등학교 때부터 지금까지 절친하게 지낸 친구가 있습니다. 당시에는 친구의 밝고 때 묻지 않은 순수한 모습이 좋았습니다. 지금은 멀리 떨어진 곳에 살고 있지만 비슷한 시기에 결혼을 하고 아이를 낳은 덕분에 가끔씩 아이를 데리고 부부끼리 얼굴을 보며 인연을 이어 오고 있습니다. 하루는 이 친구와 수다를 떨었는데, 친구가 시어머니께 이런 말을 했답니다.

"어머니, 우리도 이제 다른 집처럼 차례는 지내지 말고 호

텔에서 편히 쉬다가 와요.”

시댁에 이런 말을 했다는 것도 놀라웠지만 더 놀라운 것은 시어머니가 아주 흔쾌히 그러자고 했다는 것입니다. 대신 단 번에 추석과 설을 모두 생략하기에는 무리가 있으니 설에는 차례를 지내고, 날씨가 좋은 추석에는 가족끼리 함께 여행을 가기로 결정했다고 합니다. 그리고 해맑게 웃으며 하는 말이 “몇 년 후에는 설 명절도 없애자고 말씀드려 봐야지”라고 하는 것이 아니겠어요?

순간 부러운 감정이 마구 올라왔습니다. 물론 친구에게는 티를 내지 않았지만 그 후로 꼬박 이틀은 우울해져서 입맛도 생기지 않았습니다.

저는 친구가 부러웠지만 친구처럼 하지는 못할 거라는 생 각이 들었습니다. 설령 시어머니가 제사를 없애자고 해도 제 성격상 ‘어머니가 힘드시면 제가 다 준비할게요’라고 말하며 시집 안 간 아가씨의 저녁 밥상까지 차리고 있을 것입니다. 생각할수록 스스로가 한심하고 답답해집니다.

‘나는 왜 등신처럼 말도 못하고 그 많은 제사를 다 챙기고 있지? 그래, 어차피 나는 제사를 지내지 말자고 할 성격도

못 되니까. 이럴 때 남편이 나서서 대신 말해 주면 좋을 텐데. 내가 힘든 건 보이지도 않겠지.'

나는 왜 내 욕구나 감정을 말하지 못하고 자꾸만 억누르는 걸까요? 할 말은 다 하고 사는 사람도 있는데 어째서 나는 이렇게 고분고분한 걸까요? 울화가 터지는데 자꾸 '나만 참으면 조용히 지나갈 테니까 그냥 참자'는 생각이 듭니다.

누군가가 내 마음을 알아주길 바라는 당신, '감정'과 '욕구'를 드러내라

순응하는 아이 자아가 강한 사람들은 주위 사람에게 편안하고 안정적인 인상을 심어 줄 가능성이 큽니다. 왜냐하면 타인과 반대되는 의견을 내세우기보다는 되도록 타인의 의견에 순응하고 따를 것이기 때문입니다. 사람들은 이들을 보며 큰 굴곡이나 문제 없이 원만한 사람, 조용하고 꼼꼼하며 섬세한 사람으로 기억하겠지요.

하지만 이 사람들은 마음속으로 매우 힘들어합니다. 내 안에서 자연스럽게 떠오르는 감정을 표현하는 것도 어렵고, 설령 표현한다고 해도 제스처가 그다지 크지 않습니다. 상대방에게 자신의 입장을 충분히 표현했다고 생각하지만 정작 상대방은 '네가 그런 말을 했다고?'라며 놀랄지도 모릅니다. 그리고 상대방의 이런 반응에 또 의기소침해지며 마음의 문을 닫겠지요.

'아, 내가 아무리 말해도 소용없구나.'

앞선 사례도 마찬가지입니다. 사연의 주인공은 친구가 시어머니에게 자신의 생각을 당당히 말한 것에 한 번 놀라고, 시어머니가 그 제안을 받아들였다는 것에 두 번 놀랐습니다. 자신의 세상에서는 아무리 말해도 들어 주는 이가 없어서 참고 살았습니다. 그런데 친구가 사는 세상에서는 그것이 가능하다는 사실이 너무도 서글퍼서 우울했습니다.

우리는 태어날 때부터 고분고분하고 순종적이지 않았습니다. 그저 내가 한 번 꾹 참았더니 모두가 행복해 보여서 두 번, 세 번 반복했던 것뿐입니다. 지금부터는 그렇게 하지 않기로 약속합시다. 내 세상도 이제는 조금씩 바뀔 수 있다고 있는 힘껏 믿습니다. 내가 나를 믿어야 비로소 나의 목소리에 힘이 생길 테니까요.

순응하는 아이 자아가 강한 사람들이 보다 행복해지기 위해서 필요한 것이 있습니다. 그것은 바로 나의 욕구와 감정을 상대방에게 '표현하는 힘'을 기르는 것입니다. 욕구란 쉽게 말해서 내가 먹고 싶고, 하고 싶고, 놀고 싶고, 배우고 싶고, 자유로워지고 싶은 마음입니다. 감정이란 어떤 현상이나 사건을 접했을 때 내면에서 일어나는 느낌이나 기분을 뜻하지요. 감정을 일컫는 단어에는 '힘들다', '외롭다', '속상하다', '짜증 난다', '뿌듯하다', '두렵다', '부담스럽다', '불행하다', '걱정된다', '기쁘다' 등이 있습니다.

당신은 욕구를 잘 표현하는 사람인가요? 감정을 잘 표현하는 사람인가요? 아니면 둘 다 표현하기 어려운가요? 욕구와 감정을 모두 잘 표현하는 사람이 있는가 하면 그렇지 못하는 사람도 있습니다. 어떤 사람은 욕구 단어는 잘 사용하지만 감정 단어는 아예 사용하지 않기도 하고, 또는 그 반대인 사람도 있습니다.

갑자기 일을 그만둔 남편의 속사정 이야기

최근 남편과 크게 싸운 아내의 사례를 들어 보겠습니다. 평소에 남편은 꽤나 꼼꼼하고 안정적으로 일하는 사람이었습니다. 물론 회사에서 큰 두각을 나타내거나 캐릭터가 확실한 사람은 아니지만 부지런하고 성실했지요. 그런 사람이 어느 날 회사를 그만두었다는 말을 하며 회사에서 쓰던 물건을 모조리 들고 온 것이 아니겠어요? 아내는 '상의도 없이 이런 경우가 어디 있냐'며 자기도 모르게 소리를 질렀습니다. 그러자 남편이 이렇게 말합니다.

"내가 그동안 회사 그만두고 싶다고 말했잖아. 왜 내 말은 안 들어 줘?"

그제야 그동안 남편이 했던 말들이 조금씩 떠올랐습니다. 타 부서에서 온 팀장과 원년 멤버인 과장 사이에서 세력 다툼이 있었다는 말이요. 하지만 힘들다고, 속상하다고 표현이라도 했으면 그 마음을 알아차렸을 텐데 감정 단어는 한마디도 하지 않았기 때문에 아내는 남편의 상황이 회사를 그만둘 만큼 심각했을 줄은 상상도 못했습니다.

아마 남편은 순응하는 아이의 모습 그대로 소리 없이 혼자 이곳저곳의 눈치를 보며 참다가 사직서를 던졌을 것입니다. 안타깝게도 남편이 힘든 마음을 표현해도 주변 사람들과 아내에게는 그 감정이 전해지지 않아서 모두가 '그러다 말겠지' 하며 가볍게 지나쳤을 것입니다. '아프다', '힘들다', '속상하다'는 말 같은 감정적인 단서가 없었으니까요.

아내의 입장에서는 '왜 하필 퇴사였을까? 다른 대안은 없었을까?' 하는 점이 의아합니다. 순응하는 아이 자아는 두 가지 행동 특성을 보이는데요, 첫 번째는 순응하는 아이의 모습이고, 두 번째는 반항하는 아이의 모습입니다. 순응과 반항은 반대의 개념이라 두 가지를 모두 가지고 있다는 점이 다소 의아할 수 있겠습니다. 이것은 마치 아이가 부모의 말에 고분고분 따르다가도 끝내 울음을 터뜨리고 떼를 쓰는 행동과 같습니다.

그래서 순응하는 아이 자아가 강한 사람들은 평소에 감정이나 욕구를 나누고 표현하는 것이 중요합니다. 양극단에 있는 선택을 하지 않고도 여러 대안을 함께 모색해 볼 수 있기 때문입니다. 그동안 너무 참기만 했다면 있는 그대로의 감정과 욕구를 드러내도 괜찮습니다. 내 목소리를 조금 크게 내도 괜찮습니다. 내 것이라면 무엇이든 소중하니까요.

나, 타인, 세상에 위해를 끼치는 일이 아니라면 나의 마음을 상대에게 표현하는 용기가 필요한 때입니다. 이제는 그렇게 해도 괜찮습니다.

차가울 정도로
이성적인 마음

어른 자아

#. 사람들이 저에게 차갑고 인간미가 없답니다

웹 서핑을 하다가 우연히 이런 글을 보게 되었습니다.

'차가운 인상을 남기는 법 좀 알려 주세요.'

글쓴이는 가족과 친구들에게 늘 무시를 당하는 것 같다고 말했습니다. 그래서 어떻게 하면 보다 차가운 인상을 남겨서 남들이 자신을 얕잡아 보지 못하게 할 수 있을지 궁금하다고 했습니다. 이 글에서 제 눈길을 끈 것은 다름 아닌 '차가운 인상'이라는 단어였습니다. 저는 글쓴이와 반대되는 고민을 가지고 있는데요. 바로 인상이 차갑다는 말을 자주 듣기 때문입니다. 회사 팀원들이 저를 보면 종종 이런 말을 합니다.

"회의 때 김 과장님을 보면 너무 진지하다 못해 차가워서 좀 무서워요."

사석에서 웃자고 나온 이야기였으니 아마 실제로 팀원들이 느끼는 기분은 더할 것입니다. 그러면서 한 팀원이 제게 말하길, 얼마 전에 외부 강사의 교육을 들을 때 제가 그 강사를 노려보고 있더라는 것입니다. 혹시 그날 뭔가 마음에 들지 않는 내용이라도 있었느냐면서요.

여자 친구와도 갈등이 있었습니다. 여자 친구는 구청에서 일을 합니다. 이해관계가 첨예한 민원을 다루기 때문에 민원인들과 늘 마찰이 생기지요. 하루는 동네에 있는 한 카페의 사장이 찾아와서 '비싼 권리금을 주고 어렵사리 세를 들어 장사하는데 한 달, 두 달을 공사도 하지 않고 방치된 맞은편의 폐건물을 보고 있자니 속이 답답해서 미칠 지경이다. 빨리 처리되도록 구청에서 단속하고 관리해야 하는 것 아니냐'며 여자 친구에게 화를 내고 돌아갔다는 것입니다.

그런데 곰곰이 들어 보면 그 사장의 말도 맞습니다. 카페에 찾아오는 고객들은 조망이 좋은 곳에서 커피를 즐기고 싶을 텐데 폐건물이 시야를 가리는 상황이 지속되면 매출뿐만 아니라 권리금까지도 떨어질 일입니다. 하지만 여자 친구는 이런 저의 말에 불같이 화를 냈습니다.

"왜 그 사람 편을 들어? 자기한테 정답이나 듣자고 이런 말을 한 게 아니야."

그저 교육에 집중하며 듣느라 무표정했을 뿐이고, 나의 의견을 말했을 뿐인데 사람들은 이런 저를 보고 '진지하다', '차갑다', '인간미가 떨어진다'고 합니다. 저도 노력은 해 보겠지만 사실 무엇부터 바꾸어야 할지 잘 모르겠고 참 쉽지 않은 일처럼 느껴집니다. 제가 이상한 걸까요?

감정보다 사고가 우선인 당신, 성격을 '통합'하라

어른 자아가 강할수록 주로 육하원칙에 입각한 사고와 해석을 합니다. 어떤 사건이 발생하면 이 문제가 왜 일어났는지, 무엇을 어떻게 해야 문제가 효율적으로 해결되는지를 우선으로 생각하는 것이죠.

워크숍에서 김 과장은 아마도 강사의 말과 기존에 본인이 알고 있던 데이터를 비교하고 새로운 데이터를 쌓느라 머릿속이 분주했을 것입니다. 그래서 표정까지 관리하기는 어려웠겠지요. 하지만 주변 동료들은 김 과장의 이런 모습에 '차갑다'는 인상을 받았습니다.

여자 친구와의 대화 장면에서도 마찬가지입니다. 어른 자아가 강한 상태에서는 감정보다 사고 위주의 커뮤니케이션을 합니다. 여자 친구가 듣고 싶었던 말은 '그래, 수고 많았어', '자기, 많이 속상했지?', '그 나쁜 사람 내가 혼을 내 주어야겠다' 같은 말이었습니다. 하지만 김 과장님은 합리적이고 이성적으로만 문제를 바라보려고 했지요. 합리적, 이성적, 객관적, 사고 중심의 문제 해결 능력은 어른 자아의 대표적인 특징입니다. 하지만 상황에 따라서 상대방이 섭섭함을 느낄수도 있습니다.

공과 사를 칼같이 구분하는 이 대리 이야기

이 대리는 경영 지원 팀에서 일을 깔끔하게 처리하는 사람으로 소문이 났습니다. 스마트한 업무 스타일과 더불어 우선순위에 따라 공정하게 일을 집행하는 성격 때문이지요. 하지만 모두를 만족시킬 수는 없었습니다. 이 대리의 이런 업무 처리 방식 때문에 섭섭해하는 동료들도 더러 있습니다. 동료들은 이 대리와 사적인 시간을 보낸 사이였기에 일의 프로세스를 떠나 가벼운 부탁 정도는 기꺼이 들어줄 것이라고 예상했습니다. 하지만 이런 예상은 번번이 빗나갔습니다. 심지어 부탁을 들어주지 못해 미안해하는 기색을 보이지도 않고 양해를 구하는 말도 없이 자로 잰 듯한 소통 방식을 보이는 이 대리에게 동료들은 서운함을 느끼고 오해를 쌓아 왔던 것입니다.

어른 자아가 강하면 무조건 차갑고 로봇처럼 느껴질 것 같지만, 사실 어른 자아는 필요하면 언제든지 P, A, C의 마음을 쏙쏙 꺼내 쓸 수 있다는 장점이 있습니다. 어른 자아가 강한 사람들이 이 장점을 잘 활용하기 위해서는 바로 '통합'이 필요합니다. 살다 보면 누군가에게 자신의 주장을 어필하거나 무언가를 지시하고 가르쳐야 할 때도 있고, 누군가를 보호해 주어야 할 때도 있습니다.

또한 살다 보면 아이처럼 감정을 있는 그대로 느끼고 표현해야 하는 순간도 있습니다. 이 대리의 사례처럼 자신의 우선순위에서 벗어나는 이벤트들이 순간순간 나를 멈춰 세우기도 하지요. 하지만 이럴 때마다 꼭 타인에게 서운함을 남기는 행동을 선택하지 않아도 됩니다. 때로는 사실을 확인하거나 정확한 정보를 전달하는 업무적인 태도를 내려놓고 내 앞에 있는 사람의 입장을 먼저 생각해 보세요. 공감이란 상대방의 젖은 옷을 입어 보는 것이니까요.

물론 '이게 과연 효율적인가? 왜 굳이 이렇게 해야 하지'라는 의문이 들 테지요. 상대에게 도움을 준답시고 내가 먼저 손길을 내미는 일도, 누군가에게 '좋다', '싫다', '원한다', '원하지 않는다'는 감정 단어를 내뱉는 일도 상상만 해도 너무나 어렵습니다. 하지만 여태껏 한 번도 그렇게 해 본 적이 없어서 어색한 것뿐입니다. 가까운 타인에게 오지랖을 부려도 좋습니다. 본인의 감정을 있는 그대로 표현해도 괜찮습니다. 절대 생뚱맞지 않습니다. 당신을 잘 아는 사람일수록 분명 당신의 노력에 감사를 표할 것입니다. 그러니 지금, 여기에서 얼마든지 그렇게 해도 괜찮습니다.

나를 이해하는 연습 1.

내 안에 있는
강점을 발견하기

라이먼 프랭크 바움의 《오즈의 마법사》는 100년 가까이 독자들에게 꾸준히 사랑받아 온 스테디셀러입니다. 스티븐 스필버그의 〈이티〉를 비롯한 수많은 영화와 뮤지컬에서 이 소설의 여러 장면이 오마주되었고 미국 영화 연구소에서 선정한 세계 100대 영화 중 10위를 차지했으며 유네스코 세계 기록 유산에 등재될 만큼 영향력을 가진 작품이지요.

이야기는 미국 캔자스의 작은 농장에 사는 도로시가 어느 날 회오리바람에 휩쓸려 마법의 대륙 오즈에 떨어지는 장면에서부터 시작됩니다. 난데없이 이상한 곳에 떨어진 도로시는 집으로 돌아가기 위해 자신을 도와줄 사람이 오즈의 마법

사라는 사실을 알게 되고 그를 찾아 나섭니다. 그리고 그 여정에서 허수아비, 양철 나무꾼, 사자를 만나게 되지요.

길에서 만난 이 셋에게는 스스로의 부족함을 채우고 싶어 한다는 공통점이 있었습니다. 허수아비는 지푸라기가 가득 찬 자신의 머리가 싫어서 늘 똑똑한 머리를 부러워했습니다. 양철 나무꾼은 차갑고 삐거덕대는 양철 조각 대신 따뜻한 심장을 가지고 싶었습니다. 사자는 동물의 왕이라는 아성과 달리 겁이 많은 것이 걱정이었기에 용기 있는 사자가 되고 싶어 했지요. 이들은 똑똑한 머리, 따뜻한 심장, 용맹스러움을 얻기 위해 도로시와 함께 오즈의 마법사를 찾아 떠납니다. 그리고 모험의 끝자락에서 도로시는 친구들에게 말합니다.

"넌 항상 힘을 가지고 있었어. 단지 그것을 스스로 배워야 했을 뿐이지."

똑똑한 머리를 가지고 싶다던 허수아비는 놀랍게도 문제에 봉착할 때마다 누구보다 지혜롭게 문제를 헤쳐 나갔습니다. 자신이 차가운 철 조각에 불과해 늘 아쉬워했던 양철 나무꾼도 알고 보면 작은 개미 한 마리도 밟고 지나가지 못할 만큼 따뜻한 마음을 가지고 있었지요. 사자는 용기가 없다고는 하나 일행에게 어려움이 닥치면 가장 먼저 용맹하게 앞장섰습니다.

그들은 도로시와 모험을 떠나면서 없다고 생각했지만 늘 자신 안에 있던 자원을 확인할 수 있었습니다. 우리도 마찬가지입니다. 우리 안에는 무수히 많은 원석이 저마다의 모습으로 가득 담겨 있습니다. 그것은 언제든 보석이 될 수 있고, 원한다면 어디서든 꺼내어 쓸 수도 있습니다. 또한 얼마든지 내가 원하는 만큼 반짝반짝 빛을 낼 수도 있습니다. 다만 도로시의 말처럼 그것을 경험하고 배우고 스스로 꺼내 쓰는 연습이 필요했을 뿐입니다.

통제적 부모 자아가 강한 당신에게

'내가 까다로운 성격인가' 하는 의심이 들거나 상대방과 대화하면서 내 뜻과는 달리 오해가 생길 때가 있나요? 매사에 확실하고 선이 강한 본인의 고유함은 살리되 부드러운 말투로 소통해 보세요. 너그러운 마음을 표현할 줄 안다면 관계가 훨씬 더 편안해질 것입니다.

양육적 부모 자아가 강한 당신에게

타인을 배려했지만 오히려 이용을 당한 것만 같아서 마음이 괴로운가요? 타인을 위하는 마음은 그대로 두되 상대방과 거리를 조금 두어 보면 어떨까요? 처음에는 불편한 마음이 들겠지만 시간이 지나면 분명히 마음은 편안해지고 타인의 눈치를 보던 시간을 나를 위한 다른 일에 쓰며 또 다른 재미를 찾을 수 있을 것입니다.

자유로운 아이 자아가 강한 당신에게

자유롭지 못한 환경이나 상황 때문에 답답한가요? 혹은 자꾸만 실수하는 스스로가 미울 때가 있나요? 호기심이 많고 창의적인 강점은 살리되, 바운더리를 세워서 룰이 있는 자유로움을 추구해 보세요. 더 많은 기회가 당신을 기다리고 있을 것입니다.

순응하는 아이 자아가 강한 당신에게

내 감정과 욕구를 표현하는 일이 좀처럼 쉽지가 않지요? 처음에는 속에 담아 둔 것을 꺼내기가 무척 어려울 수 있어요. '나만 참으면 되는데 굳이 이야기를 할 필요가 있을까?' 싶어 편치 않은 마음이 들기도 할 테고요. 하지만 한 번쯤은 용기 내어 보는 것을 추천합니다. 하나둘 조금씩 표현해 본다면 전보다 훨씬 숨통이 트일 것입니다.

어른 자아가 강한 당신에게

감정보다 사고가 우선이라 주위 사람들로부터 섭섭하다는 말을 들을 때가 있나요? 혹은 자신이 생각해도 너무 문제 해결 중심의 커뮤니케이션을 하는 것 같은가요? 이성적이고 객관적인 강점을 살리되 당신의 정확함에 인간적인 면을 더해 보세요. 상대방의 입장을 먼저 공감해 준 후에 자신의 의견을 덧붙인다면 한층 부드러운 소통을 할 수 있을 것입니다.

에릭 번 심리학
2단계

왜 나는 감정을
컨트롤할 수
없는가

내면의 목소리 듣기

Transactional Analysis

Transactional Analysis

스스로를 비난하게 되는
이유는 무엇인가

내면의 목소리

#. 일을 할수록 나 자신이 싫어져요

저는 홍보용 브로슈어를 디자인하는 일을 합니다. 지금 다니고 있는 직장에서 4개월째 근무를 하고 있는데요. 이전 직장에서 더 이상 배울 것이 없다는 판단이 섰을 즈음 구인 구직 사이트에서 이 회사를 발견했습니다. 일하랴 포트폴리오를 정리하랴 면접 준비하랴 밤잠을 쪼갰지만 다행히 좋은 조건에 경력직으로 입사를 하게 되었습니다.

입사 첫날, 팀원들 대부분은 코앞으로 다가온 신제품 출시 준비 때문에 출장을 간 상태였습니다. 그래서 회사에 남아 있던 또래 직원과 둘이서 점심을 먹게 되었습니다. 그런데

이 직원이 해맑은 얼굴로 이렇게 말하는 게 아니겠어요?

"주임님이 오기 직전에 근무했던 대리님이 일을 참 잘했어요. 주임님이 좀 부담되겠어요."

돌이켜 보니 이 말을 듣고부터 저의 자존감이 바닥을 치게 된 것 같네요. 안 그래도 첫 근무라 긴장되는데 전임자가 일을 잘했다며 내가 부담이 될 거라는 말을 들으니 기분이 좋지 않았습니다.

'나는 아무리 일을 잘해도 그 사람을 이길 수 없다는 거야 뭐야? 막 입사한 사람한테 찬물을 끼얹어도 유분수지. 그나저나 일을 못한다는 소리를 들으면 어떻게 하지? 사실 전 직장에서 일을 체계적으로 배운 건 아니잖아. 이 사실을 들키면 어쩌지?'

낮은 자존감 탓일까요. 이 일이 있은 후 저는 스스로를 비난하고 자책하기를 반복했습니다. 제가 무슨 경력을 속이고 입사한 것도 아닌데 마음은 점점 쪼그라들고 타들어 갔으며, 더 잘하고 싶은 마음에 야근하는 날은 늘어만 갔습니다. 심지어 메일 하나를 보내는 데에도 수십 번, 수백 번씩 다시 읽으며 꼼꼼히 확인했습니다.

그러던 어느 날이었습니다. 월말이 다가오니 전단지를 만드는 일 외에도 매장별 이벤트 물품을 디자인할 일이 파도처럼 밀려오더군요. 게다가 각 영업점의 담당자들이 두서없이 찾아와서는 빨리 처리해 달라고 쪼아 대는 통에 무척 힘들었습니다. 거기까지는 좋았습니다. 두 눈을 부릅뜨며 최선을 다해서 일을 끝마쳤으니까요.

그런데 한 직원이 와서는 "전에 있던 김 대리는 내가 부탁한 걸 제일 먼저 들어줬는데"라며 혼잣말을 하고, "안 바쁘면 이것 먼저 좀 합시다"라며 무턱대고 일을 시키는 게 아니겠어요?

그렇게 석 달을 시달리고 나니 더 이상 일을 할 수 없을 것 같았습니다. 심지어 이제 제가 다가서면 사람들이 말을 멈추고 눈치를 주고받는 듯한 이상한 기운마저 느껴져서 얼굴이 화끈거립니다. 내가 정말 좋아서 시작한 일인데 이제는 '내 길이 아닌가. 그만두고 다른 걸 찾아봐야 하나'라는 생각마저 듭니다. 생각해 보면 진짜 문제는 아무렇지 않게 일을 맡겨 대는 사람, 전임자와 저를 비교하는 사람이 아니었습니다. 그런 말들에 휘둘려 스스로를 비난하고 괴롭힌 저 자신이 문제였지요.

'더 열심히 했어야지. 그렇게밖에 못해서 어떻게 하니?'

'일이 이렇게 많은데 쉴 시간이 있니? 지금 한가롭게 커피가 목구멍으로 넘어가?'

'망했다, 망했어. 결국 이렇게 될 줄 알았다.'

눈을 뜬 순간부터 눈을 감는 순간까지 스스로에게 따뜻하기는커녕 모질게만 굴었습니다. 지금 이 순간에도 내 안에서는 날카로운 목소리가 들려옵니다.

'바보같이 그것도 못하면서.'

지금은 내 마음의 여러 목소리를 분별해서 들을 시간입니다

소리를 듣는 것이 어려운 증상을 난청이라고 합니다. 영어로는 'cloth ears'라고 하며 이 말은 건성으로 듣는다는 뜻입니다. 그런데 왜 하필이면 들리지 않는다는 표현을 옷(cloth)과 귀(ears)로 표현했을까요? 과거 아프리카 원주민에게 처음으로 문명을 전해 준 사람은 선교사입니다. 그리고 이들이 원주민들에게 가장 먼저 전해 준 물품은 다름 아닌 성경과 옷이었습니다. 훗날 원주민들은 이렇게 말합니다.

"문명이 전파되어 글을 깨우치게 되었고 우리는 보다 안락한 삶을 살게 되었다. 하지만 정작 우리가 들어야 할 본연의 소리는 마치 옷으로 귀를 가린 것처럼 더 이상 듣지 못하게 되었다."

이들이 말하는 본연의 소리는 바로 자연이 들려주는 소리입니다. 나무가 흔들리는 소리, 벌레의 울음소리, 날씨가 바뀌는 소리에 귀를 기울여야만 자연과 더불어 살아갈 수 있을 테니까요. 하지만 옷으로 귀를 덮듯이 그 소리를 듣지 못한 채 살아간다면 물질적으로는 만족스러울 수 있으나 그들이 지닌 고유한 정신은 희미해질 것입니다.

이는 현대를 살아가는 우리도 마찬가지입니다. 각자의 몫을 해내느라 빡빡한 하루를 보내지만 나름대로 성취감과 성공을 맛보며 살아가고 있습니다. 그러나 정작 내 마음의 소리는 점점 듣지 못하게 되는 기분입니다.

누구보다 자신을 아껴 주고 보듬어 주어야 할 사람은 '나'이지만, 내 편이 되어야 할 내가 오히려 적보다 잔인하게 나를 몰아세웁니다. 누가 쫓아오는 것도 아닌데 지금이 아니면 영원히 그 일을 할 수 없다는 듯이 '잘해야 한다'고 말하고 계속해서 서둘러 무언가를 하게 만들지요.

쉬지 않으면 마음이 무거운 터라 자칫 여유를 부렸다가는 다음 날 자책감이 떠오릅니다. 그래서 고시도 패스할 수 있을 만큼 배우고 또 배우며 하루를 꽉 채워서 보낼 때가 다반사입니다. 안타까운 것은 매사에 최선을 다하더라도 긴장감을 늦추지 않는 수준에 그치면 좋으련만 내 마음은 그것으로 만족하지 않는다는 것입니다. 특히 앞서 소개한 사례처럼 스트레스를 받는 상황이 생기면 나를 괴롭히고 비난하는 목소리는 더욱더 강하게 들려옵니다.

'이렇게 하고서도 일이 잘 안 풀리면 어떡하지?'
'혹시라도 망하게 되면 끝장인데.'
'사실 내가 그 부분이 약하긴 하잖아.'
'더 해야 해. 쉴 여유가 없어.'

내 안의 나는 어쩜 그리도 귀신같은지 불안한 마음이 몰려올 때면 기가 막히게도 나의 단점만 콕 집어서 머릿속을 들

쑤십니다. 이런 목소리가 들리면 정말로 내가 못난 사람이 된 기분이 듭니다. 두려움, 죄책감, 후회와 같은 감정이 느껴지면 사실이 아닌 것도 사실처럼 믿게 되지요.

때로는 못난 나를 비난하기보다는 다른 사람을 욕하는 게 마음 편할 때도 있습니다. '쟤는 뭐야. 나한테 왜 저래?' 혹은 '별것도 없으면서 왜 저렇게 잘나가지?'라며 나와 비슷한 처지에 있지만 나보다 조금 더 잘나 보이는 사람에게 비난의 화살을 돌리기도 합니다. 그러나 그 화살은 다시 나에게 돌아오기 마련이지요.

짧은 시간 동안 이런저런 생각이 머릿속을 휘저을 때면 이제는 불안을 넘어 우울한 기분에 사로잡히고 이내 잘못된 상상에 빠집니다. 지금 하고 있는 일을 잘 해내지 못하면 이 바닥에서 인정받지 못하고 쫓겨날 것이라는 상상, 일선에서 물러나 유배하는 뒷방 늙은이처럼 생을 마감하는 상상, 외로움, 이별, 죽음, 정신병을 경험하는 부정적인 상상 말입니다.

가끔은 내가 나를 생각해 봐도 어이가 없어서 피식 웃음이 날 정도입니다. '내가 다중 인격자인가?'라는 생각이 들 만큼 내 안에서 너무 많은 목소리가 흘러나와 나의 심기를 뒤흔들기 때문입니다. 도대체 이 목소리는 어디서 나오는 걸까요? 어떻게 하면 나를 억압하고 평가하는 목소리에서 벗어나 나를 더 아껴 주고 보듬어 줄 수 있을까요? 지금부터 내 마음에 귀를 기울이는 방법을 알아보겠습니다.

내 안에서 끊임없이 대화하는 세 가지 인격

내적 대화

1장에서 우리는 내 마음이 어떤 모양을 하고 있는지 알아보았습니다. 우리의 마음에는 부모(P), 어른(A), 아이(C)가 존재합니다. 그리고 실제로 타인과 소통하고 교류할 때 다섯 가지 성격적 특징을 보인다고도 말씀드렸지요. 흥미롭게도 부모, 어른, 아이 자아는 내 마음속에서 서로 대화를 나눕니다. 서로에게 묻고 답하며 끊임없이 외부의 자극에 반응하는 것입니다.

예를 들어 식당에서 밥을 먹는 중에 갑자기 젓가락이 부러졌다고 가정해 봅시다. 통제적 부모 자아가 '왜 젓가락이 부러져? 도대체 식기 관리를 어떻게 하는 거야'라며 등장합니다. 양육적 부모 자아는 '어디 보자. 부러진 젓가락이 날아가서 다친 사람은 없겠지?' 하며 주위를 둘러보지요. 그리고는 어른 자아가 부러진 젓가락을 치우고 새로운 젓가락을 꺼내와 다시 음식을 먹습니다. 음식을 우물우물 씹으며 자유로운 아이 자아가 말합니다. '휴, 깜짝 놀랐네. 이 집 자장면 잘하는데?' 맛 좋은 음식에 이내 기분이 좋아집니다. 다음으로 순응하는 아이 자아가 등장해서 이렇게 말하지요. '그런데 내가 잘못한 건 아니겠지?'라고 말입니다.

이뿐만 아닙니다. 신호를 무시한 채 어마어마한 속도로 달려오는 운전자를 보면서 이 자아들은 대화를 시작합니다.

'어머, 깜짝이야! 미쳤나 봐. 어쩜 저래?'(자유로운 아이 자아)

'저렇게 운전하면 안 되지. 누구 인생을 망치려고 저따위로 운전해?'(통제적 부모 자아)

'이 도로에서는 시속 50킬로미터로 달려야 하는데 저 속도는 보아하니 100킬로미터 이상은 되겠다. 속도위반이야. 과태료 10만 원!'(어른 자아)

'아무리 바빠도 저렇게 운전하면 사고 나서 다칠 텐데. 큰일이네.'(양육적 부모 자아)

'혹시 내가 도로 근처로 나와 있어서 더 위험했나? 앞으로

조심해야겠어.'(순응하는 아이 자아)

우리는 부모 자아에게 걱정과 염려, 인정과 칭찬의 말을 듣기도 하고 반대로 핀잔과 꾸중, 비난의 목소리를 듣기도 합니다. 어른 자아에게서는 문제를 해결하기 위한 정보, 지혜, 통찰을 얻습니다. 아이 자아에게서는 감정, 느낌, 생각을 표현하는 목소리를 듣는가 하면 '내 잘못이야'와 같은 자책의 목소리나 '그때 그랬어야 했는데' 같은 후회의 목소리를 듣기도 합니다.

나는 나에게
어떤 말을 해 주고 싶은가

지금부터 옷을 벗고 거울 앞에 서 있는 나를 상상해 볼까요? 샤워를 하러 들어가기 전에 거울에 비친 내 몸을 바라봐도 좋습니다. 어떤가요? 1초도 채 안 되는 찰나이지만 당신의 머릿속에는 이떤 목소리가 들리나요?

'오, 멋진데?', '꽤 만족스러워', '이 정도면 되었다' 같은 목소리가 들린다면 이번 장의 내용이 썩 와닿지 않을 수도 있겠습니다. 반면 '살이 좀 쪘네', '몸이 어쩜 이래?', '최악이야'라는 목소리가 들릴 수도 있고, '이번 주말 약속까지만 먹고 빼 볼까?' 하는 목소리가 들릴 수도 있습니다. 물론 별다른 목소리를 듣지 못하는 분들도 계실 겁니다.

새끼발가락이 문지방에 쾅 부딪혔거나 팔꿈치에 전기가 찡하고 흐를 만큼 벽면에 세게 부딪혔다고 상상해 봅시다. 이때 순간적으로 내 안에서 어떤 목소리가 들리나요?

믹스 커피를 마시려고 포장지를 뜯어서 내용물은 휴지통에 버리고 손에는 빈 포장지만 쥐고 있는 나를 발견했을 때, 나는 뭐라고 중얼거리는지요?

근처 마트에 가기 위해서는 지금 이 길에서 유턴을 해야 하는데 생각 없이 직진을 하고 나서야 '아차' 합니다. 이럴 때는 어떻습니까?

신경 써서 들여다봐야 할 보고서를 작성하고 '메일 보내기' 버튼을 누르자마자 본문에 오탈자가 선명하게 보일 때는 어떤가요?

나보다 일이나 운동을 늦게 배운 사람이 나보다 앞서가는 것 같을 때, 평소에 내가 가지지 못한 것을 누군가는 버젓이 가지고 있는 모습을 볼 때는 어떻습니까?

나는 아이 키우기가 미치도록 힘들어서 내 아이가 밉기까지 한데, 누구는 예뻐 죽겠다며 자신의 아이를 자랑합니다.

이때는요? 순간적으로 스쳐 지나가는 목소리가 있나요? 내 마음은 나에게 무슨 말을 하고 있는지요?

'훌륭해. 아름다워. 언제나 넌 최고야. 괜찮아, 지금도 충분히 예뻐. 많이 아팠구나, 괜찮니? 그럴 수도 있지. 누구나 실수는 하는 법이란다, 메일은 언제든 다시 보내면 돼. 자책할 필요 없어. 그 사람도 열심히 했으니까 성과가 나는 거야. 잘되길 응원하자. 너도 충분히 좋은 엄마 아빠야'라는 말이 들리나요?

아니면 '바보. 등신. 멍청이. 으악, 미쳤다! 한심하다. 내가 그렇지 뭐. 이것밖에 못 해? 어휴. 그래서 세상을 어찌 살려고? 이러니까 되는 일이 없지. 난 잘난 게 하나도 없어. 저 사람은 뭔데 잘되지? 능력도 없으면서 겉만 번지르르하네. 저 사람은 운이 좋네. 내가 무슨 좋은 엄마야? 부모 될 자격이 없다'라는 목소리가 들리나요?

전자의 말은 부모 자아 중에서도 항상 자신을 위하고 따뜻하게 감싸 주는 긍정적 메시지가 담긴 말입니다. 하지만 후자의 말은 달라요. 부모 자아가 주는 메시지 중에서도 매우 부정적인 콘텐츠가 담긴 '비판적 부모 메시지'에서 흘러나오는 목소리입니다.

마음속에 나를 통제하고
벌주는 교도관이 산다

비판적 부모 메시지

비판적 부모 메시지란 부모 자아가 주는 메시지 중에서도 스스로를 비난하고 경멸하며 남과 비교하는 방식으로 자신을 못살게 구는 부정적인 내면의 목소리를 의미합니다.

대개 내적 대화는 우리 안에서 가장 힘이 센 비판적 부모를 중심으로 이루어집니다. 내 안에서 비판적 부모의 메시지가 밑도 끝도 없이 몰아쳐 나를 흔들면 내 안의 어른 자아는 힘을 쓸 수 없게 되고 아이 자아는 휘둘리게 됩니다. 정신 분석가인 로버트 W. 파이어스톤은 우리 마음속에서 들리는 내면의 목소리가 대부분 자기 자신을 파멸하는 교활한 목소리라고 했습니다.

교류분석에서 '각본 매트릭스'와 '스트로크 경제'라는 개념을 정립한 클라우드 스타이너는 그의 책《마음을 여는 열쇠》에서 호기 위코프의 말을 빌려 비판적 부모 메시지를 '돼지 부모'라고 소개합니다. 돼지 부모는 나를 통제하고 벌주는 교도관으로, 우리 머릿속에 들어 있는 모든 부정적인 생각, 신념, 태도 등을 대표하는 단어입니다. 그렇기 때문에 우리가 가장 먼저 해야 할 일은 내면화된 비판적 부모 메시지를 제거하는 것이라고 주장하지요.

《행복을 부르는 자기대화법》의 저자 파밀라 버틀러는 비판적 부모 메시지를 일컬어 '강요된 메시지', '가혹한 잣대를 들이대는 심판자', '내 인생을 힘들게 하는 조종자', '방해자', '혼란자'라고 했습니다. 내 안에 있는 비판적 부모 메시지는 항상 나에게 부정적인 말을 하면서 힘을 발휘합니다. 그래서 우리는 비판적 부모의 불필요한 요구와 경고에 맞서고 그것이 주는 심리적인 억압에서 벗어나야 자유로운 삶을 누릴 수 있다고 소개합니다.

《심성개발을 위한 교류분석(TA) 프로그램》에 따르면 비판적 부모는 내 안에서 주로 이런 말들을 합니다.

명령과 강요

"엄마라면, 선생님이라면, 과장이라면, 팀장이라면 이 정도
는 해야 하는 거 아니야? 남들은 다 하는데 넌 안 할 거니? 이
번 일이 끝날 때까지는 참고 그냥 해."

비판과 비난

"허벅지에 살찐 것 좀 봐. 뱃살은 안 빼니? 게으르기는. 그
것밖에 못 해서 세상을 어찌 살아가니. 정말 이상한 아이야.
나이가 몇 살이고 연차가 몇 년인데 아직도 이래? 제발 생각
좀 하고 살자."

비교하기

"쟤는 하는데 너는 왜 못하니? 남들은 다 그렇게 사는데 너
만 왜 그래? 너보다 잘난 애들이랑 놀지 말라고 했잖아. 걔랑
있으면 넌 겉절이 같다고 말했지?"

충고와 경고

"당장 이 일을 하는 게 좋을걸. 만약 그렇지 않으면 그땐 어
떻게 되는지 알지? 인생 망치기 싫으면 그냥 해. 제대로 못하
면 다 끝이야. 다시는 이 바닥에 발도 못 들여."

질투와 시기

"쟤는 뭐야? 얼마나 잘났다고 떠들고 다니지? 별것도 아닌 게 겉만 번지르르해 가지고는. 쟤는 겉으로 행복해 보일지 모르겠지만 속으로는 불행할걸?"

경멸과 욕설

"너는 틀려 먹었어. 멍청한 것 같으니라고. 죽어야 끝이 나 겠지? 바보, 머저리."

비판적 부모 메시지는
왜 들리는 것인가

비판적 부모 메시지는 내 안에서 가장 강력한 힘을 발휘한 다고 말씀드렸습니다. 짧은 시간 안에 손 하나 까딱하지 않고도 수백, 수천 명을 쓰러뜨리고 무너뜨릴 만큼 파괴적인 위력을 가지고 있지요. 그렇다면 이 메시지는 왜 들리는 것일까요? 이에 답을 하기 위해서는 먼저 부모 자아가 우리에게 무엇을 원하는지를 알아야 합니다.

우리의 실제 부모도, 그리고 내 안에 있는 부모 자아도 내 가 이 사회에서 훌륭히 살아가기를 바랍니다. 부모에게 아이는 한없이 예쁘고 사랑스러운 존재입니다. 때로는 아이를 키우기가 힘들어서 속상해하다가도 아이의 미소 한 번으로 근심 걱정이 사르르 녹곤 하지요. 하지만 아이는 미숙한 존재이기도 합니다. 밥을 먹을 때도, 물을 따를 때도, 화장실을 갈 때도, 잠을 자고 노는 기본적인 일조차도 어른의 손을 거치지 않을 수가 없습니다. 그래서 부모는 아이가 사회에 잘 적응할 수 있도록 '스스로 하는 법'을 끊임없이 아이에게 가르쳐 줍니다. 지켜야 할 일을 하루에도 수십, 수백 개씩 아이에게 알려 주지요.

'흘리지 말고 먹어라.'
'돌아다니지 말고 똑바로 앉아라.'
'집 안에서는 뛰지 말고 사뿐사뿐 걸어야 착하지.'
'식당에서는 소리 지르면 안 돼. 남들에게 피해가 가잖니.'
'빨리빨리 옷을 입어야 늦지 않게 나가지.'
'하지 마. 앉아. 소리 지르지 마. 조용히 해. 기다려.'

아이들은 이 가르침들을 받아들이고 해석해서 최대한 부모를 기쁘게 할 방법을 고안합니다. 그래야 이 집에서 생존할 수 있기 때문입니다. 부모의 이러한 메시지는 아이의 인격을 형성하고 아이가 사회의 구성원으로서 살아갈 수 있도록 도와줍니다. 이러한 과정이 없다면 마치 《정글북》에 나오는 소년처럼 인간 사회에서 살아가기가 쉽지 않겠지요. 그렇기에 이 메시지들은 부모 자아 저장소(P)에 고스란히 남아 규율과 규칙을 지켜야 하는 자리에서, 사회가 승인하는 행동이 요구되는 자리에서 힘을 발휘합니다.

내가 잘되기를 바라는 마음의 부작용

부모라면 욕심이 많든 적든 적어도 자식이 사회에서 뒤처지지 않고 제 몫을 해 나가기를 바라지요. 더러 '잘하는 것까지는 바라지도 않는다. 건강하기만 해 다오'라거나, '기본도 바라지 않는다. 이탈만 하지 말아다오'라는 부모도 있을 것입니다만 세상에 있는 대부분의 양육자라면 자식이 잘되기를 바라는 마음을 모두 가지고 있을 것입니다.

그런데 '잘되기를 바란다'는 말에는 상당한 모호함이 숨어 있습니다. 어떤 모습이 잘된 모습인지, 무엇을 하는 게 제 몫을 다하는 것인지, 기본만 한다는 건 어떤 의미인지 아무도 가르쳐 준 적이 없기 때문입니다. 눈치껏 사회적 수준에 알맞게, 남들 하는 것만큼, 대신 피해는 가지 않게, 알아서 잘하라는 뜻 같기도 합니다.

부모에게 사랑받고 싶은 어린아이는 그저 '내가 이렇게 하면 좋아하실 거야'라고 지레짐작하며 끝이 없는 기대에 부응하고자 자꾸만 노력을 기울이며 살게 됩니다. 그리고 성인이 된 지금도 이러한 어린 시절의 생존 본능이 마음속에 고스란히 흔적을 남깁니다. 여전히 끊임없이 스스로에게 되묻고 누군가에게 확인받고 싶어 하는 것입니다.

'나, 잘하고 있는 걸까?'
'과연 잘 살고 있는 걸까?'
'이렇게 사는 게 맞는 걸까?'
'나는 지금 행복한 걸까?'

아마 늘 해 왔던 것처럼 흘러가는 대로 살아간다면 이 질문은 내 머릿속을 떠나지 않고 죽을 때까지 나에게 속삭일 것입니다. 영원히 말입니다.

왜 아무리 노력해도
만족할 수 없는가

가짜 결핍

"치마 입지 말고 바지를 입어. 넌 다리를 가려야 예뻐."

부모에게 이런 말을 듣고 자란 한 여성은 50세가 될 때까지 치마를 한 번도 입어 보지 않았습니다. 다리가 못나서 가려야 예쁘다는 말에 '아닌데. 예쁜데'라는 생각은 한 번도 해 본 적이 없지요. 그저 내 다리는 늘 못나 있었으니까요.

"살만 빼면 콧대는 자동으로 올라가게 되어 있어."

낮은 콧대가 고민인 여성은 자신의 코가 못나 보일 때마다 다이어트에 몰두합니다. 살만 빼면 콧대가 높아 보일 테니 코 수술은 생각도 하지 말라는 어머니의 말 때문이지요.

"너희 부모가 따로 살게 되었으니 이제부터는 공부만이 살길이다. 그래야 장가갈 때 누가 흠잡아도 큰소리칠 수 있다."

할머니의 말을 듣고 자란 한 남성은 자신도 모르게 결핍을 채우기 위해 최선을 다해 공부합니다. '그냥 그렇게 해야 하나 보다' 하고 살아왔기에 그저 헛헛한 마음만 가득 안고서 열심히 공부하고 일하며 살아가지요.

"이것만 더 하면 진짜 완벽할 텐데."
"살만 빼면 정말 예쁠 텐데."
"성적만 올리면 좋을 텐데."
"형이 저 모양이니 너라도 잘해야 할 텐데."

당신이 느끼는 결핍감에
의문을 던져라

부모는 우리가 조금 더 완벽해지기를 기대합니다. 때로는 진짜 결핍이 아닌 가짜 결핍을 심어 주면서까지 말입니다. 결핍이란 '원래 가지고 있거나 반드시 있어야 하는 부분이 없는 것'을 의미합니다. 예를 들어 체내에 비타민 수치가 모자라면 우리는 이 상태를 '비타민 결핍'이라고 말합니다.

또 '애정 결핍'이라는 단어가 있습니다. 우리는 어린 시절에 부모로부터 사랑과 관심을 받아야 건강하게 성장할 수 있습니다. 그런데 살면서 여러 가지 이유로 애정을 받지 못했을 경우에는 이 결핍된 애정을 다른 사람에게 받으려는 행동이 나타나기도 하지요.

하지만 타인의 주관적인 판단으로 인해 그것이 진짜 결핍인 양 저장된 데이터가 있을 수도 있습니다. 우리는 그 낡은 신념을 버려야 합니다. 지금 여기에 있는 나에게는 전혀 도움이 되지 않는 데이터니까요. 지금까지는 엄마의 바람대로 내가 잘 사는 모습을 보여 주고 내가 희생해야만 엄마의 결핍이 채워지고 나의 결핍이 메워지는 줄 알고 살아왔을 것입니다. 그러나 이것은 진짜 결핍을 채워 줄 수 없습니다.

이제부터는 '그것만 있으면', '그것만 잘한다면', '그것만 아니면', '나만 희생하면' 완벽해질 것이라는 내면의 목소리 때문에 계속해서 내 안의 자원을 없애려 하거나 타인의 목소리로 나를 채우려고 한 건 아닌지 생각해 봐야 할 것입니다.

부모의 요구를 만족시키지 못하면 마음속에서 비판적 부모 메시지가 들려옵니다. 실제 부모도, 내 안의 부모 자아도, 우리가 완벽해지고 더 잘되기를 바랍니다. 물론 여러 가지 경험을 하고 성장하는 과정에서 마음속에 있던 어떤 데이터는 없어지기도 하고 어떤 데이터는 강화가 되기도 합니다. 하지만 부모 자아 저장소에 담긴 데이터들은 필요하다고 생각될 때마다 순간적으로 튀어나옵니다. 때로는 그 말과 행동이 진짜 부모의 것보다 더 아프고 독할 때도 있습니다.

진짜 부모의 말이든, 부모 자아가 스스로에게 하는 독설이든 우리는 그 목소리를 항상 만족시킬 수 없습니다. 부모 자아의 요구를 만족시키는 것은 애초에 불가능한 일입니다. 그럼에도 불구하고 자신의 말을 듣지 않아 머리끝까지 화가 난 부모 자아는 강요하고 억압하는 메시지를 보내면서 더욱 강력한 힘으로 우리가 '그렇게 하도록' 밀어붙입니다. 특히나 왠지 일이 불리하게 돌아갈 것 같을 때, 두려운 일이 벌어질 것 같을 때, 이미 실수가 벌어진 상황일 때처럼 스트레스를 크게 받는 상황이라면 어김없이 나를 밀어붙이는 목소리가 들려올 것입니다.

다스려야 할
두 가지 목소리가 있다

파스칼의 명문장을 기록한 《팡세》에 이런 말이 있습니다.

"인간은 바보라는 말을 끊임없이 되풀이해서 들으면 그것을 믿게 되어 있다. 또 자기 자신에게도 그것을 끊임없이 말하면 스스로 그렇다고 믿는다. 왜냐하면 오직 인간만이 내적 대화를 하고 있기 때문이다. 그러므로 이 대화를 올바르게 조절하는 것은 대단히 중요하다."

어떻게 하면 비판적 부모 메시지에서 벗어나 자기 자신을 더욱 아끼고 지지할 수 있을까요? 이것에 대한 답을 찾기 위해 우리는 두 가지에 주목할 것입니다. 바로 드라이버와 스토퍼입니다.

나를 몰아가는 목소리, '드라이버'
'반드시 그렇게 해야 OK야.'

우리 마음속에는 일종의 징크스 같은 것들이 존재합니다. 빨간 펜으로 이름을 쓰면 재수 없는 일이 생길 것 같다거나,

13일의 금요일은 왠지 모르게 불길한 것처럼 말입니다. 그래서 우리는 쓰레기차가 지나가면 박수를 세 번 치거나, 자신이 싫어하는 무언가와 맞닥뜨렸을 때 마음속으로 '반사'를 외치는 행동을 합니다. 왜냐하면 이러한 행동이 자신의 불안감을 완화시켜 준다고 믿기 때문입니다.

부모 자아가 내리는 명령도 마찬가지입니다. 그것이 사실인지 아닌지는 중요하지 않습니다. '시키는 대로 따르는 것이 신상에 좋을걸'이라고 말하며 그저 내가 그렇게 행동하도록 열심히 몰아갈 뿐입니다. 이를 드라이버 메시지라고 합니다. 드라이버 메시지를 따르면 내가 속한 곳에서 인정과 존경을 한 몸에 받을 수 있을 것만 같습니다. 그래서 강박적으로 그 목소리를 따르려고 하지요. 그러면 내가 겪는 모든 문제가 해결되고 나의 앞길에 성공만이 펼쳐질 것이라고 굳게 믿습니다. 하지만 안타깝게도 드라이버 메시지는 쉼표가 없습니다. 무언가를 계속 '해야 한다'만 있을 뿐입니다.

지친 영혼의 목소리, '스토퍼'
'그렇게 하지 않는다면 NOT OK야.'

우리는 스스로를 그렇게 하도록 몰아세우는 드라이버 메시지에 따라 열심히 노력하며 살아간다고 했습니다. 하지만 인간의 에너지는 분명 한계가 있지요. 그래서 잘 먹고 잘 자고 충분한 휴식을 취하는 것이 중요합니다. 하지만 내 안의 비판적 부모 메시지는 우리가 쉬는 꼴을 못 보고 계속해서 명령을 내립니다.

'너만 힘들어? 세상 사람들 다 힘들어. 어서 일어나서 남들처럼 하란 말이야.'
'그렇게 해서 언제 성공하니? 지금 네가 쉴 때야?'

이런 말들로 착취를 일삼습니다. 그렇기에 드라이버 메시지를 따르면 따를수록 몸은 지쳐 가고 마음은 메말라 갑니다. 이 과정에서 에너지가 바닥이 나 버린 나는 더 이상 비판적 부모 메시지를 따를 힘이 없습니다. 그렇기에 더는 존재할 이유가 없는 사람, 쓸모없고 할 줄 아는 게 없는 사람, 결코 성공할 수 없는 사람으로 전락해 버리고 마는 것이죠.

이때는 불쾌하면서도 익숙한 감정이 나를 괴롭힙니다. 외롭고 쓸쓸하고 버림받은 느낌, 혼란스러움, 당혹감이 느껴지고 무엇보다 자신이 미워지지요.

'그렇게 하는 게 아니었는데. 내가 잘못했어.'
'그렇게 하지 못한 나는 누구에게도 사랑받을 수 없어.'
'난 결코 인정을 받을 수 없는 사람이야.'

이런 부정적인 생각이 점점 더 자신을 캄캄한 바닥으로 데려갑니다. 누구도 아닌 스스로에 의해서 말입니다. 스토퍼 상태에 놓이면 '나는 아무것도 할 수 없을 것 같다'는 생각이 머릿속에 가득 찹니다. 그래서 힘겹고 비참한 감정에서 벗어나고자 드라이버 행동을 강화하기도 합니다.

'완벽하게 하는 한, 나는 인정받을 수 있어.'
'다른 사람을 기쁘게 하는 한, 나는 사랑받을 수 있어.'
'잠자코, 열심히, 서둘러, 무언가를 할 때 성장하고 성공할 수 있어.'

이런 말들로 마른 걸레를 쥐어짜듯 나를 몰아붙이며 다시금 비판적 부모 메시지를 따르기 위한 길을 떠나게 됩니다.

지금부터 우리는 드라이버 메시지가 나를 몰아세울 때 나는 어떤 반응을 보이는지 알아보고 이 메시지를 보다 긍정적으로 활용할 수 있는 방법을 나누도록 하겠습니다. 더불어 드라이버 메시지를 더 이상 따를 수 없을 때 어떤 부정적인 말이 자신을 옴짝달싹할 수 없게 만드는지 깨닫고 나를 혼란스럽게 하고 자책하게 만드는 내면의 목소리를 몰아내는 방법을 알아보도록 하겠습니다.

나를 지칠 때까지
몰아세우는 목소리

드라이버

《주홍 글씨》, 《큰 바위 얼굴》로 유명한 미국의 소설가 나다니엘 호손의 단편 소설 〈반점〉에서는 과학자 에일머와 그의 아내 조지아나가 등장합니다. 에일머는 조지아나의 외모가 가장 이상적인 아름다움의 표본이라고 생각했습니다. 딱 하나, 조지아나의 뺨 한쪽에 난 손 모양의 옅은 분홍빛 반점만 빼면 말입니다.

조지아나를 사랑하는 사람들은 그 반점을 보고 그녀가 태어난 시간에 천사가 내려와 뺨에 손을 얹고 손자국을 남기고 간 것이라며 입을 모아 축복해 주었습니다. 하지만 에일머는 그 반점을 핏빛 손, 괴물, 마술적인 힘을 가진 자국으로 여겼고, 반점만 없으면 조지아나가 더욱 완벽해질 것이라는 생각에 사로잡혔습니다. 조지아나는 점점 더 끔찍한 표정으로 자신을 바라보는 에일머를 보며 자신조차 그 반점을 혐오하게 됩니다.

마침내 부부는 반점을 없애 버리기 위해 수술대로 향하게 됩니다. 이윽고 조지아나의 반점을 없애기 위해 만든 약이 그녀의 몸에 들어가고, 시간이 지나자 뺨 위의 반점은 옅어졌습니다. 에일머는 성공했다는 생각에 기쁨을 만끽합니다. 그러나 기쁨도 잠시, 희미해지는 것은 조지아나의 얼굴에 난 반점뿐이 아니었습니다. 조지아나의 목숨도 옅어져만 갔고 결국 그녀는 죽음을 맞이하게 됩니다.

나를 압박하는
다섯 가지 드라이버 메시지

'어떤 일이든 완벽하게 한다면 OK야.'

'어떤 상황에서든 타인을 기쁘게 한다면 OK야.'

'이 고통을 아무에게도 말하지 않는다면 OK야.'

'어떤 것이든 최선을 다해 열심히 한다면 OK야.'

'그때가 되기 전까지 빨리 무언가를 한다면 OK야.'

내 안의 에일머는 나에게 무엇을 더 해야 OK라고 속삭이고 있나요? 부모 자아가 전하는 수많은 메시지 중 우리가 살아가는 데 특별한 역할을 하는 다섯 가지 부모 명령이 있습니다.

- 완벽하라(be perfect)
- 기쁘게 하라(please other)
- 강해져라(be strong)
- 열심히 하라(try hard)
- 서둘러라(hurry up)

이안 스튜어트와 벤 조인스가 지은 《현대의 교류분석》에서는 이러한 명령을 '드라이버 메시지' 또는 '드라이버'라고 했습니다. 대개 교류분석 이론을 다룬 번역서에서는 드라이버를 '몰이꾼'이라고도 표현합니다, 왜냐하면 드라이버란 마음과 행동을 움직이는 동인이자 사람들이 계속해서 부정적인 행동을 하도록 몰아가는 원인으로, 특히 스트레스 상황마다 나타나 자신을 '그렇게 하도록' 만들기 때문입니다. 그리고 사람들은 드라이버의 명령대로 살아야만 칭찬과 인정을 받을 수 있다는 착각에 빠집니다. 그래서 이러한 명령에 맹목적으로 따르려는 것입니다.

드라이버는 특히 낯선 일을 시작하거나 낯선 사람을 만날 때, 직장에서 상사와 대화를 하거나 중요한 프로젝트를 진행할 때, 내가 중요하다고 생각하는 업무를 할 때, 생각대로 일이 풀리지 않는다는 느낌을 받을 때 등의 스트레스 상황에 더욱더 빈번하게 등장합니다. 3장에서는 어떤 드라이버 메시지가 있고 우리가 이 드라이버 메시지를 따를 때 어떻게 행동하는지, 그것을 어떻게 다룰 수 있는지 알아보도록 하겠습니다.

긍정적인 삶을
선택할 수 있음을 믿기

그리스 로마 신화에는 아가멤논과 그의 딸 이피게네이아의 비극 이야기가 나옵니다. 그리스 신들의 신전 올림포스에서는 불화의 여신 에리스가 던진 '가장 아름다운 여신에게'라고 적힌 황금 사과를 둘러싸고 헤라, 아테나, 아프로디테가 다툼을 벌이는 중이었습니다. 이때 파리스가 그 사과가 누구의 것인지 심판을 보게 되었는데요. 세 여인은 황금 사과를 얻기 위해 파리스에게 솔깃할 만한 보상을 제시합니다.

헤라: 당신이 나를 지지한다면 최고의 부와 명예와 권력을 주겠소.

아테나: 위대한 지혜와 모든 전쟁에서 승리할 수 있는 행운을 주겠소.

아프로디테: 세상에서 가장 아름다운 미인을 주겠소.

파리스는 아프로디테의 손을 들어 주었습니다. 아프로디테는 약속한 대로 파리스에게 당대 최고의 미녀를 보내 주었습니다. 하지만 그때부터 비극이 시작됩니다. 왜냐하면 그 미녀가 바로 스파르타의 왕 메넬라오스의 아내인 헬레나였기 때문입니다. 둘은 눈이 맞아 메넬라오스가 잠시 외출을 한 사이에 트로이로 도주하게 되었고 이것이 트로이 전쟁의 발단이 되었습니다.

스파르타로 돌아온 메넬라오스는 미케네의 왕이자 자신의 형인 아가멤논에게 이 사실을 알립니다. 그렇지 않아도 과거 미케네의 명성을 되찾고 싶었던 아가멤논은 그리스군을 이끌고 트로이와 전쟁에 나서게 되지요. 아가멤논이 항구에 집합한 그리스 함대를 이끌고 트로이로 출정하려던 찰나였습니다. 그런데 웬일인지 바람이 전혀 불지 않아 배가 꼼짝도 하지 않는 것이었습니다. 이때 예언자인 칼카스는 아가멤논의 딸인 이피게네이아를 제물로 바쳐야 배가 움직일 것이라고 말했습니다. 이 말을 들은 아가멤논은 자신의 의무를 다하기 위해 딸을 제물로 바치게 되지요.

독과 약, 양면을 모두 가진 내면의 목소리

약국(pharmacy)의 어원인 그리스어 '파르마콘(pharmacon)'은
세 가지 뜻이 있습니다. 약, 독, 그리고 희생양입니다. 파르
마콘이 질병을 없애는 방식은 두 가지입니다. 약으로써 질병
을 없애기도 하지만, 반대로 독으로써 질병에 걸린 사람을 죽
여서 질병을 없애기도 합니다. 아가멤논이 배를 움직이기 위
해서 그의 딸을 희생양으로 삼아 죽이는 상황도 후자와 같지
요. 어쩌면 이것은 내 안에서 들려오는 비판적 부모의 메시
지와도 매우 닮아 있습니다.

'이것만 하면 완벽해질 텐데.'
'이렇게 하면 사랑받을 텐데.'
'조금만 더 하면 이룰 수 있을 텐데.'

마치 지금의 고통을 참고 내면의 목소리가 시키는 대로 한
다면 훗날 자신을 풍요롭게 만드는 약이 되어 돌아올 것만
같습니다. 이러한 믿음을 가지고 자신을 희생양 삼아 끝도
없이 뭔가를 하도록 몰아가고 있는 것이지요.

부디 아가멤논처럼 자신에게 가장 소중한 존재인 이피게네이아를 희생양으로 만들지 마세요. 이제 우리는 빡빡하게 무언가를 하는 데에 집중된 에너지를 쉼과 멈춤에 쓸 것입니다. 나를 위한 쉼과 멈춤은 긍정적인 변화의 동력이 되어 우리를 새로운 곳으로 데려다줄 것입니다. 믿어 보세요. 우리 안에는 긍정적인 삶을 선택할 수 있는 힘이 충분합니다.

에릭 번 심리학

3단계

무엇이
나의 감정을
억누르는가

다섯 가지 강박 관념 다스리기

Transactional Analysis

Transactional Analysis

나의 실수를
용납할 수 없는 이유

'완벽하라' 드라이버

완벽주의적인 성향이 있는 사람들은 과제를 하거나 업무를 수행하면서 무언가를 설명해야 할 때 기본적인 정보는 물론 그것과 관련된 배경지식까지 모두 섭렵하곤 합니다. 왜 그런 현상이 일어났는지를 꼼꼼히 파악하고, 일어날 수 있는 문제점과 참고 사항을 가능한 한 완벽하게 알아 두려고 하지요. 왜냐하면 그렇게 해야 마음이 놓이기 때문입니다. 이와 같은 이유로 '완벽하라' 드라이버를 따를 때 우리가 작성하는 문서는 매우 디테일할 것입니다. 아마도 참고 사항과 별첨 자료를 풍부하게 담고 있겠지요.

어떤 일이든 철저하게 준비하는 것은 좋은 자세입니다. 하지만 정도가 지나쳐서 드라이버 메시지가 몰아가는 대로 행동하게 된다면 문제가 발생합니다. 너무 일을 완벽하게 하려고 애를 쓰다 보면 작은 과업에 집착하게 되고, 초반부터 너무 많은 시간과 에너지를 할애하게 됩니다. 그러니 좀처럼 진도가 나가지 않아 전체적인 사항을 다루지 못하고 시간 분배에 실패합니다. 그래서 밤을 새우는 일도 곧잘 있습니다.

'완벽하라'의 메시지를 따르는 사람들은 스스로 완벽해야 한다고 생각하는 경향이 있기 때문에 자신의 작은 실수도 좀처럼 용납되지 않습니다. 실수를 하면 세상이 무너진 것처럼 혼자서 마음 아파할 미래의 자신을 떠올리면서 스스로에게 똑바로 일하라고 다그치곤 합니다. 주어진 업무 시간에 비해 훨씬 많은 시간과 에너지를 쓰면서 말입니다.

만약 누군가가 내가 작업한 일에서 오류를 발견해 수정을 요청하는 상황이 벌어진다면 그때는 큰일입니다. 왜냐하면 상대가 주는 피드백의 내용이 사소하더라도 크게 좌절하거나 분노할 것이기 때문입니다. '주어진 일도 완벽하게 처리하지 못한다면 과연 이 세상을 살아갈 가치가 있을까?' 하는 생각이 들 정도입니다. 이 정도면 충분하다고 생각할 수 있다면 좋으련만, 주변 사람들에게 칭찬을 받아도 좀처럼 만족을 할 수가 없습니다.

"아직은 안심할 때가 아니야. 더 잘해야 해."

스스로에게
그만하면 충분하다고 허가하라

'완벽하라' 드라이버 상태에 놓이면 적어도 내가 하는 일에서만큼은 상대에게 누를 끼치는 일 없이 제 몫을 해내야 한다고 생각하며 애를 씁니다. 이렇게 온 힘을 다하고 나면 마음에 여유를 둘 만도 한데 그것이 참 쉽지 않습니다. 다른 사람의 아픔에는 "그럴 수 있다", "누구나 실수를 한다", "충분히 잘하고 있다"라고 말해 주지만 자기 자신에게는 결코 너그럽지 못합니다. 더 완벽할 수 있는 길은 없는지, 혹여나 뭔가 잘못하고 있는 일은 없는지 끊임없이 검열합니다. 이러한 탓에 업무를 할 때면 자연스레 근육의 긴장도가 높아지고 예민한 상태가 되는 것입니다.

그렇다면 '완벽하라' 드라이버 메시지에서 벗어나는 방법은 무엇일까요? 그것은 바로 몰이꾼(driver)을 허가자(allower)로 바꾸는 것입니다. 이것은 다른 드라이버에서도 통하는 방법입니다. 몰이꾼을 허가자로 바꾼다는 것은 스스로에게 드라이버 메시지에 반대되는 메시지를 주는 것입니다. 내가 나의 새로운 양육자가 되어 나를 재양육하는 방법인데요. 만약 지금까지 뭔가를 하면 안 된다는 강박 관념에 사로잡혀 왔다면 '이제부터는 그렇게 해도 좋다'고 말해 주는 것입니다. 또는 세상을 살면서 한 가지 방법만을 고집해 왔다면 '이제부터는 그렇게 하지 않아도 좋다'고 말해 줍니다. 드라이버 메시지로부터 자유로워지도록 돕는 방법이지요.

만약 마음속에서 '반드시 그렇게 해야 해', '하지 않으면 큰일 난다', '꼭, 기필코'라는 말이 들린다면 그것과 반대되는 말로 스스로를 허가해 보세요.

'완벽하지 않아도 괜찮아.'

'실수해도 좋아. 그것은 나쁜 것이 아니야.'

'작은 부분까지도 너무 많은 에너지를 쏟느라 힘들었다면, 이제는 그렇게 하지 않아도 돼.'

'그것만으로도 충분해. 그러니 자신을 한번 믿어 봐.'

성인이 된 내가 이제는 나 자신의 부모가 되어 주는 겁니다. 부모 자아에게 새로운 데이터를 전해서 업그레이드해 주는 것이죠. 마음이 조급해질 때 조금 여유를 가지면 어떨까요? 반드시 타이트하게 스스로를 몰아붙여야만 일이 잘되는 것도 아닌데 말입니다. 지금까지 참 잘해 왔고, 앞으로도 훌륭히 해낼 나잖아요.

회사에서 다른 사람과 업무를 나눠야 할지 고민이 되나요? 사람들의 도움을 받고 기꺼이 일을 나누세요. 그렇게 해도 괜찮습니다. '차라리 내가 하고 말지'라는 목소리가 들릴지도 모릅니다. 업무든, 권한이든, 책임이든 뭐든 다 내 손으로 직접 해야 하는 것은 아닙니다. 조금은 내려놓아도 됩니다. 때로는 제 자리에 있는 것만으로도 충분할 때가 있습니다. 어쩌면 지금이 그럴 때인지도 모릅니다. 우리는 무언가를 특별하게 하지 않고 단지 존재하는 것만으로도 환영받을 사람이니까요.

방법 1. 잘하고 있다는 다른 사람의 말을 믿기

주변 사람들로부터 "넌 지금도 충분히 잘하고 있어"라는 말을 들을 때 어떤 생각이 떠오르나요? 고마우면서도 때로는 그런 말이 부담스럽기도 합니다. 그들을 실망시키지 않으려면 얼마나 많은 에너지를 쏟아야 할지 겁이 나기도 하고요. 사실 생각해 보면 내가 그렇게 잘한 것도 없는데 잘하고 있다는 말을 듣는 것이 멋쩍기도 하지요.

우리는 우리 자신을 믿을 필요가 있습니다. 그리고 다른 사람이 해 주는 좋은 말을 믿을 필요가 있습니다. 아마도 '완벽하라' 드라이버 메시지를 따르는 사람이라면 이미 주변 사람들에게도 맡은 일을 잘 해내는 사람으로 소문이 나 있을 겁니다. 그렇기에 "넌 지금도 훌륭해", "내가 보기에 잘하고 있는걸?"이라는 말도 자주 들을 테고요. 하지만 문제는 정작 스스로가 그 말을 믿지 못하고 있다는 것에 있습니다. 이제는 나를 지켜본 내 주변 사람들의 말을 믿어 보세요.

방법 2. 너무 많은 에너지를 쓰고 있다면 멈추기

일을 하다 보면 급하게 처리해야 하는 일도 있고, 오랜 시간 공을 들여야 결과물이 나오는 일도 있습니다. 하지만 매사에 너무 많은 에너지를 쓰고 있지는 않은지 경계할 필요가 있습니다. 목표를 잘게 나누고 하루에 한 개 또는 두 개의 포인트만 달성해 보세요. 그리고 오늘 계획한 일이 끝나면 더 이상 들여다보지 말고 멈추세요. 휴식을 취해도 좋고 간단한 운동을 해도 좋습니다.

일을 계속해야 하는 상황이라도 우선은 잠시 멈춰서 나를 위한 시간을 가져야 합니다. 만약 업무를 재개해야 한다면 봤던 부분을 다시 보고 수정을 거듭하면서 완벽을 기하려는 태도에서 벗어나 그다음 챕터로 넘어가 보는 거예요. 이제는 멈춰 서서 숨을 고르고 나무가 아닌 숲을 조망하는 자세가 필요할 때입니다.

늘 나보다
타인을 먼저 생각하는 이유

'기쁘게 하라' 드라이버

타인을 기쁘게 만드는 것이 중요한 사람들은 상대방의 제스처만 보고도 기분을 알아차리는 능력이 있습니다. 공감력과 직관력이 매우 뛰어나고 눈치도 빨라서 상대방이 무엇을 원하는지, 어떤 생각을 하고 있는지, 어떤 말을 해 주면 기뻐할지 아주 잘 알고 있지요. 회사에서는 팀 내에서 소극적인 팀원에게 쉽게 다가가 말을 건넵니다. 사람들의 얼어 있던 마음을 사르르 녹이고, 이내 그룹 안으로 끌어들여 참여를 독려하면서 팀워크를 향상시키는 데 앞장서기도 합니다. 덕분에 주변 사람들로 하여금 '분위기 메이커', '좋은 사람'이라는 말을 자주 듣습니다.

다만 이런 메시지가 자신을 과하게 압박한다면 알아차림이 필요합니다. '타인을 기쁘게 하라' 드라이버 메시지를 따르는 사람들은 말 그대로 타인의 기분을 매우 중요하게 생각합니다. 대부분의 사람과 두루두루 잘 지내면서 그들의 기분을 절대 상하지 않게 합니다. 주로 자신은 낮추고 상대방은 치켜세우는 형태의 인간관계를 합니다. 그래서 동료나 부하직원이 작성한 문서나 업무 사항에 오류가 있더라도 명확하게 피드백을 하기를 매우 꺼립니다.

때로는 날카롭게 지적해야 하는 상황임에도 '좋은 게 좋은 것'이라는 식으로 넘겨 버리기 일쑤입니다. 상대방으로부터 반드시 얻어야 하는 정보가 있더라도 잘 묻지 않고, 질문을 하더라도 핵심을 비켜난 부수적인 질문에 그쳐 버리죠. 괜히 불편하게 이것저것 물어보느니 내가 촉을 세우고 눈치껏 알아내서 처리하는 것이 일머리가 있는 사람의 모습이라는 무의식적 믿음이 있습니다.

이들은 자신이 원하는 바가 있더라도 상대의 의중을 묻는 의문형으로 표현합니다.

"너는 어떻게 생각해?"

밝은 분위기와 센스 있는 태도를 지닌 이들은 갈등과 전혀 무관할 것만 같은 모습을 보입니다. 그러나 표면적으로는 소통하는 데 문제가 없어 보이는 이들도 실은 일의 방향이 자신의 예상과는 상당히 다르게 흘러가는 경우가 많습니다. 출근길에 커피를 한 잔 마시고 싶어도 망설여집니다. 사무실에 있는 동료들 때문이지요. 혼자 마시려니 눈치가 보이고, 다같이 먹자고 한턱을 쏘자니 두 손 가득 커피를 들고 출근한 것이 이번 달만 벌써 네 번째입니다. 고심 끝에 카페 아메리카노는 포기하고 탕비실에서 커피 믹스를 타 마시는 것으로 타협합니다.

누군가와 밥을 먹을 때도 마찬가지입니다. 대부분 계산은 본인이 하고 말지요. 이유는 많습니다. 날이 좋아서 내고, 비가 오니까 내고, 상대방의 기분이 꿀꿀해 보여서 내고, 여기까지 와 준 당신이 고마워서 밥을 삽니다. 어쩌다가 상대방이 커피 한 잔이라도 사 주면 무척 고마워합니다. 비록 현금이 없어도 은행에서 마음껏 쓰라고 준 신용 카드가 있기에 남에게 아쉬운 소리는 하고 싶지 않습니다.

회사에서 시린 이 때문에 일을 하는 내내 아파서 앓다가도 복도에서 동료를 마주치면 언제 그랬냐는 듯 환한 미소를 보냅니다. 누구도 요청한 적 없는 자료를 공유하고 혼자 뿌듯해하는 일도 더러 있지요. 피곤한 날에는 퇴근하고 바로 집에 가서 쉬고 싶지만 회식에 빠지면 분위기를 망칠까 봐 어쩔 수 없이 모임에 참석합니다.

나 자신부터
기쁘게 만들어라

당신은 자신도 모르게 '기쁘게 하라' 메시지를 따르고 있지는 않나요? 주변 사람들의 평판이 좋고 사람 좋기로 소문이 났지만 반드시 스스로에게 해 주어야 할 말이 있습니다.

"다른 사람을 즐겁게 하는 것보다 자신을 먼저 기쁘게 하는 게 중요해."
"내가 먼저고, 그다음이 그들의 순서란다."
"가장 중요한 것은 나의 생각, 나의 의견이야."
"내 생각을 분명히 말해도 괜찮아."

'타인을 기쁘게 하라'는 메시지를 따르며 자란 우리들은 항상 누군가에게 친절해야만 했습니다. 슬픔이나 외로움 같은 부정적인 감정을 표현하거나 어두운 표정을 드러내면 지지

받지 못했고 힘들어도 밝게 자라는 아이였을 때만 OK 사인을 받았지요. 무례한 행동은 절대 있을 수 없습니다. 대체로 우리는 어떤 행동을 할 때 상대방이 좋아할 것인지 싫어할 것인지를 상당히 따지곤 했습니다. 삶의 중심이 '내'가 아닌 '타인'에게 아주 많이 치우쳐 있는 것입니다. 어떻게 해야 사랑받을 수 있는지를 너무도 잘 알고 있어서 더욱 나의 말과 행동을 타인에게 맞추는 것입니다.

방법 1. 타인에게 시간 덜 쓰기

사람마다 각자가 써 내려간 인생의 서사가 다르기에 문제를 해결하는 방식에도 정답은 없습니다. 하지만 적어도 자신이 다른 사람의 의중을 파악하느라 눈치를 보는 데 너무 많은 시간을 쓰고 있다면, 그리고 그들이 기뻐하는 행동을 하면서 살고 있다면 이제는 그 에너지의 방향을 나에게로 돌려 오로지 내가 즐거운 일로 삶을 채워도 괜찮습니다. 고개 끄덕임, 입가의 미소, 눈웃음, 높은 목소리 톤, 마치 앞으로 쏟아질 듯 상대를 향해 기울인 자세는 분명 매력적인 제스처입니다. 하지만 그 일이 힘에 부친다면 그렇게 하지 않아도 괜찮습니다.

나의 가치는 다른 사람에게 달려 있지 않습니다. 내가 그렇게 하지 않는다고 해서 달라질 것이 없다는 것을 믿어 보세요. 오히려 인간관계의 피로도가 줄어들면서 아낀 에너지를 내가 즐거워하는 일에 쓸 수 있을 거예요.

방법 2. 예스(YES)와 노(NO)를 분명하게 말하기

혹시 다른 사람의 말을 거절하지 못해서 전전긍긍하지는 않나요? 단호하게 '좋다', '싫다'고 말하기 어려운 사람일수록 타인의 부탁이나 요구를 들으면 말끝을 흐리며 얼버무리게 됩니다. 문자 메시지를 주고받을 때도 과도한 이모티콘을 사용하며 의견을 제대로 표현하지 못합니다. 이제부터는 '예스'와 '노'를 분명히 말하는 연습을 시작해 보세요.

"안타깝지만 그것은 제가 할 수 없는 일이에요."
"당신은 당신 뜻대로 하세요. 나는 내 뜻대로 할게요."
"당신의 부탁을 전적으로 수용하기는 어렵겠어요. 하지만 이 부분까지는 가능합니다."

처음에는 힘들지만 몇 번 하다 보면 복잡했던 마음이 한결 단순해질 것입니다. 그렇다고 해서 무조건 친절하지 말자는 뜻은 아닙니다. 말투는 부드럽게 하되 내 역량 밖의 요구까지 들어주고 마음 아파하지는 말자는 것이지요.

상대방의 요구를 들어주지 못했다고 해서 두고두고 미안해할 필요는 없습니다. 지금 누군가가 당신에게 어떤 요청을 하나요? 그런데 아직은 거절할 자신이 없나요? 그럴 때는 잠시 짧은 숨을 쉬고 이렇게 말해 보세요.

"어떤 말씀인지 이해했습니다. 그 부분은 좀 더 생각해 본 다음에 답을 드릴게요. 괜찮을까요?"

혹시 그들에게서 전화가 오더라도 일단 생각을 정리한 후에 다시 전화를 거세요. 그리고 부드러우면서 단호하게 당신의 의견을 전하세요. 이제는 자신만 생각해도 됩니다.

바쁘지 않으면
불안한 이유

'열심히 하라' 드라이버

'열심히 하라' 드라이버를 따르는 사람은 학교나 회사에서 지원하는 자기 계발 수업을 들을 기회가 생기면 아마 가능한 한 많은 교육을 등록하려고 할 것입니다. 빡빡한 시간표를 보면서 뿌듯해하고 설레는 마음으로 강의를 듣기만을 기다리겠지요. 만약 듣고 싶은 과목이 개설되지 않았다면 관계자에게 강좌를 개설해 달라는 메일을 쓸지도 모릅니다.

'열심히 하라' 드라이버 명령을 따를 땐 계속해서 무언가를 하는 데 에너지를 쏟습니다. 세상에 있는 온갖 흥미로운 것들이 나를 보며 도전하라고 손짓하는 듯하고 배우고 싶은 일, 하고 싶은 일, 반드시 해야 하는 일들이 너무 많습니다.

사람들은 보통 아침에 일어나서 집을 나서고 9시부터 저녁 6시까지 일을 합니다. 그리고 퇴근 후 집으로 돌아와 씻고, 저녁을 먹고, 쉬다가 잠을 청하는 일상을 보냅니다. 사실 이것만으로도 벅차지요.

하지만 '열심히 하라' 드라이버를 따르는 사람은 다릅니다. 24시간을 잘게 쪼개서 빡빡하게 무언가를 해야만 마음이 놓이거든요. 이들은 새벽부터 일어나 하루를 시작하는 소위 '미라클 모닝'을 실천합니다. 새벽 5시에 일어나 자기 계발을 시작하고, 출퇴근을 하면서도 영어 공부를 하고, 점심을 먹고 난 자투리 시간에는 재테크 공부를 합니다. 집에 돌아와서도 이들은 한시도 가만히 있지 못합니다. 쉰다고 해도 아무도 뭐라고 하는 사람이 없는데 수제 피클을 담그고, 수제 청을 만들고, 수세미를 뜨거나, 운동을 할 것입니다. 이들은 잠시라도 가만히 있지 못하고 계속해서 무언가를 합니다. 그래야 스스로 OK라는 생각이 들거든요.

한두 가지 일에만
몰두해도 괜찮다

'열심히 하라' 드라이버를 따르는 사람들은 매사에 하고 싶은 일이 많아서 어떤 일이든 '더 해 보기 위한' 아이디어가 늘 샘솟습니다. 그런데 막상 실천하기 위해 몸을 움직이면 그것을 못 하고 돌아오거나 잊는 경우가 종종 발생합니다. 그 일보다 더 신나는 아이디어가 생각났기 때문입니다. 그래서 처음에 결심한 일은 까먹고 또 다른 일을 시작하려는 경우가 비일비재합니다.

이런 특징은 일을 할 때도 영향을 미칩니다. 만약 나의 상사가 '열심히 하라' 업무 스타일을 가지고 있다면 어떨까요? 새로운 일을 기획하는 단계에서는 돋보이는 아이디어를 열정적으로 쏟아 낼 것입니다. 다만 본격적으로 그 일에 착수해서 성과를 내야 하는 실무 단계에서는 이내 집중력과 흥미가 떨어져서 또 다른 일이 눈에 들어오기 시작하고 일이 흐지부지될지도 모릅니다. 물론 본인은 이렇게 생각할 수도 있습니다.

'내가 아이디어를 다 냈는데 실무는 다른 사람이 해야 하는 것 아니야? 아이디이도 내가 내고 실무까지 내가 하면 나 혼자만 일하나?'

하지만 함께 일하는 사람들은 다르게 생각하고 있습니다.

'이렇게 해 보자, 저렇게 해 보자 말만 앞섰지 아이디어가 채택되면 어차피 일은 우리가 다 할 텐데 뭐. 저 사람은 늘 입으로만 일하는 것 같아. 이제 호응해 주지 말자.'

방법 1. 열심히 안 살아도 괜찮다고 말하기

다른 사람들이 볼 때 '열심히 하라' 드라이버를 따르는 사람들은 열정 그 자체입니다. 가능한 한 많은 일을 다양하게 시도하기 때문입니다. 하지만 '열심히 하라' 명령이 우리를 강하게 몰아간다는 것을 의식하지 못하고 그저 이 명령이 시키는 대로만 한다면 어떻게 될까요?

'열심히 하라' 드라이버 메시지를 영어로 하면 'try hard'입니다. 이 메시지는 비단 열심히 하는 것뿐만 아니라 열심히 '시도하는 것'에 초점을 둡니다. 그래서 어떤 일을 시작할 때는 에너지가 가득 차 있지만 그것을 마무리 짓는 데 쓰는 에너지는 확연히 떨어진다는 특징이 있습니다. 그렇기 때문에 시작한 일의 가짓수에 비해 정작 끝을 맺는 경우는 매우 드뭅니다.

게다가 몇 번의 성공 경험을 하더라도 그 행복에 오래 머무르지 못하고 또 다른 일을 찾아 나서기를 반복합니다. 지금까지 '열심히 하라' 드라이버 명령을 따라 왔다면 이제부터는 잠시 멈춰서 나를 허가하는 말을 해 주세요.

"한두 가지 일에만 몰두해도 괜찮아. 여러 가지 일을 한꺼번에 하지 않아도 돼."

"우선 하던 일부터 끝내고 다른 일을 시작해도 괜찮아."

"바쁘게 살지 않는다고 해서 게으른 사람이 아니야."

"반드시 바쁘게 살지 않는다고 해서 나를 비난하는 사람은 없어."

방법 2. 한번 시작한 일을 끝까지 마무리하기

어떤 일을 시작하기 전에 차올랐던 열정과 에너지의 수준을 잘 기억해 두세요. 그리고 그 임무가 끝날 때까지 비슷한 수준의 텐션을 유지하는 데 집중해 봅시다. '열심히 하라' 드라이버가 주는 긍정적인 영향을 강점으로 살리려면 일의 후반부에 찾아오는 지루함을 이겨 내는 연습을 해야 합니다. 역할과 체계를 명확히 정하고 일이 마무리될 때까지 내가 해야 할 일을 계속 해 보는 것입니다. 이때 목표를 달성하는 데까지 드는 전 과정을 세부적으로 나눈 뒤 새로운 일을 시작한다는 마음으로 임해도 도움이 됩니다.

때로는 양보다 질로 승부를 내야 할 때도 있습니다. 지금은 일의 가짓수를 늘리는 것보다 하나의 일을 끝까지 밀고 나가야 할 때입니다. 본인의 자원을 긍정적으로 활용하고, 드라이버가 아닌 허가자로서 스스로에게 충분한 허가를 줄 때 자신이 진짜 원하는 것에 한 발짝 더 다가갈 수 있습니다.

마음의 여유가
사라지는 이유

'서둘러라' 드라이버

문밖에서 아이가 학교 수업을 마치고 집에 돌아오는 소리가 들립니다. 현관문을 열자마자 엄마가 말합니다. "왔니? 어서 신발 벗고 손 씻어야지." 아이가 손을 씻으려고 하자 엄마가 또 말합니다. "이리 와서 간식 먹어라." 간식을 먹으려고 식탁에 앉는 순간 엄마가 다시 말합니다. "곧 학습지 선생님 오시니까 어서 먹고 숙제한 거 꺼내 놓고 있어."

'서둘러라' 드라이버 상태에 있는 사람은 해야 할 과제를 한 템포 앞당겨서 처리하는 모습을 보입니다. 마치 무언가에 쫓기듯 시간과 날짜를 체크하면서 서두르는 것이 특징이지요.

이런 사람들은 기한이 있는 일 앞에서 에너지를 가장 많이 끌어올립니다. 해야 할 보고서나 과제가 있다면 대부분 약속한 마감 시간 이전에 제출해야 속이 시원하고요. 무언가 해야 할 일이 생기면 그 즉시 처리해 버려야 직성이 풀립니다. 물론 시간이 촉박할 때 서두르는 것은 너무도 당연한 일이지만 '서둘러라' 드라이버는 충분한 여유를 두고 천천히 해도 될 일 앞에서도 서두르게 만듭니다.

이런 이유에서 '서둘러라' 드라이버를 따르는 리더가 최고의 덕목으로 손꼽는 것은 스피드입니다. 설령 내용이 부실하고 빈약한 부분이 있더라도 약속한 마감 기한 이전에만 제출한다면 이해합니다. 하지만 아무리 문서가 완벽해도 데드라인을 지키지 못하는 것은 최악으로 여깁니다. 이들에게 약속시간을 어긴다는 것은 정말이지 예의가 없는 행동이지요.

만약 '완벽하라' 드라이버를 따르는 부하 직원과 '서둘러라' 드라이버를 따르는 직장 상사가 만나면 어떤 일이 벌어질까요? 부하 직원은 최대한 꼼꼼하고 완벽한 작업물을 보여 주기 위해 애쓸 것입니다. 세부적인 내용에 너무 많은 신경을 쓰다 보니 시간을 꽉 채워서 제출할 수밖에 없겠지요. 반대로 상사는 이러한 부하 직원의 작업 스타일에 갑갑함을 느끼며 자꾸만 재촉할 것입니다. '왜 늦장을 부리지?', '왜 보고서가 안 올라오는 거야', '답답하게 일하는군' 하며 말입니다.

너무 서두르다가
더 중요한 것을 놓칠까 염려가 된다면

'서둘러라' 드라이버 메시지를 따르는 사람들은 타인의 말을 끝까지 들어 주기가 너무 힘듭니다. 특히 말이 느리거나 요점부터 말하지 않고 횡설수설하는 사람의 말은 도저히 참기가 어렵습니다. 다리를 떨고 손으로 식탁을 치며 상대방의 말이 끝나기만을 기다리고 머릿속에는 딴생각이 떠오릅니다. 너무 답답한 나머지 상대방의 말을 끊고 빠른 템포로 앞질러 말하고 있는 자신의 모습이 느껴질 정도이지요.

버려야 할 쓰레기가 산더미처럼 많더라도 여러 번에 나누어 버리는 일이 없습니다. 양손에 한가득 들고서 분리수거장까지 가지요. 가능한 한 일을 한 번에 처리해야 한다는 생각에 온 몸에 힘을 줍니다. 운동을 할 때도 마찬가지입니다. 헬스장에 들어서면 마치 급한 일을 해치우듯이 정해 놓은 운동을 빠르게 해냅니다. 천천히, 여유롭게, 시간을 두고, 근육의 이완과 수축을 느끼기는커녕 운동을 하면서도 남아 있는 할일 목록을 떠올립니다.

한가로이 산책을 할 때도 주변 풍경을 감상하거나 바스락거리는 발자국 소리, 시원한 공기를 느끼지 못합니다. 머릿속은 늘 다음에 해야 할 일로 가득 차 있거든요. 그래서 '서둘러라' 드라이버에 쫓기는 사람은 삶에서 정말 중요한 것을 놓치는 경우가 많습니다. 안타까운 것은 스스로 삶에 변화가 필요하다는 사실을 인지하더라도 작업 환경을 점검하고 업무 스타일을 바꾸는 일이 결코 쉽지 않다는 점입니다. 왜냐하면 이들에게는 지금 그럴 시간이 절대로 없거든요.

방법 1. 서두르지 않아도 된다는 믿음 가지기

'급하면 바늘허리에 실 매어 쓸까'라는 속담이 있습니다. 급하다고 일을 서두르다 보면 오히려 일을 그르치게 된다는 뜻입니다. 정해진 시간 안에 많은 일을 한꺼번에 처리하려고 하면 실수가 생기기 마련입니다. 쿵쾅대는 심장, 허덕이는 숨, 빠르게 움직이는 다리 등 표면적으로는 부산히 움직이지만 정작 돌아보면 '내가 뭘 했지? 뭘 한다고 이리도 바빴지?'라는 생각이 듭니다. 우리에게는 '서두르지 않고 그냥 해도 된다'는 믿음이 필요합니다. 스스로에게 허가의 말을 해 주고 천천히 음미해 보세요.

'천천히 해도 괜찮아.'
'그냥 해도 되는 일이야. 서두르지 않아도 좋아.'
'숨을 크게 들이쉬고 천천히 내쉬어 봐.'

'다른 사람의 말을 끝까지 주의 깊게 귀담아들어 보렴.'

'상대방의 말이 끝날 때까지 기다렸다가 천천히 입을 떼도 괜찮아.'

방법 2. 몸과 마음의 메트로놈 박자를 낮추기

메트로놈은 박자에 맞춰 똑딱똑딱 추를 좌우로 움직이며 소리를 내는 기계입니다. 음악을 잘 모르는 사람도 학교 음악실에서 한 번쯤 접해 보았을 법합니다. 베토벤은 메트로놈을 매우 사랑한 나머지 "메트로놈은 위대하다"라는 말을 남겼다고 합니다. 그만큼 악기를 다루거나 지휘하는 사람에게 메트로놈은 필수적인 아이템입니다.

마음에도 메트로놈이 필요합니다. 내 안의 부모 자아가 '빨리 더 빨리', '이것도 하고 저것도 하려면 시간이 없으니 서둘러'라며 드라이버 메시지로 나를 몰아가면 우리는 마음속의 메트로놈을 조정해서 최대한 박자를 늦추는 데에 힘을 쓸 수 있습니다. 입으로 소리를 내 봐도 좋고 애플리케이션을 다운로드받아서 소리를 식섭 들어 보는 것도 좋습니다. 평소에 내가 일을 처리하는 속도가 200BPM이라면 거기서 절반으로 줄이고, 거기서 또 절반으로 줄이는 연습을 해 봅시다.

천천히 한다고 성과를 내지 못하거나 나 혼자만 뒤처지는 것이 아닙니다. 그러니 내 안의 허가자를 믿어 보세요. 스스로에게 충분한 허가를 줬을 때 우리는 훨씬 더 충만하고 충실히 하고자 하는 일을 잘 해낼 수 있을 것입니다.

타인에게 속마음을
털어놓기 어려운 이유

'강해져라' 드라이버

자신의 감정이나 생각을 좀처럼 표현하지 않는 사람들이 회사에서는 매우 신임을 받는 직원일 수도 있습니다. 왜냐하면 어떤 일을 맡겨도 군말 없이 과묵하고 성실하게 일을 처리하기 때문입니다.

이런 사람들은 위기에 강한 것이 특징입니다. 다른 사람 같았으면 벌써 머리가 새하얘져서 허우적거렸을 일을 얼굴에 미동 하나 없이 논리적으로 사고하고 공평하게 처리합니다. 그렇기 때문에 고객을 상대하는 일, 그중에서도 악성 민원을 처리하거나 이해관계가 복잡하게 얽힌 업무에서 자신의 능력을 한껏 발휘하게 되지요.

다만 우리가 '강해져라' 드라이버 메시지를 과도하게 따르면 아무리 어려운 일이 생겨도 다른 사람에게 자신의 느낌, 감정, 생각을 공유하지 못하고 속으로 삼키게 됩니다.

'누구나 이렇게 힘든 일을 겪으며 사는 거지.'
'다른 사람에게 굳이 말하지 말고 이번에도 혼자서 이겨 내야지.'

'강해져라' 드라이버 메시지를 따르는 사람들은 타인에게 자신의 마음을 말한들 달라질 것이 없다는 생각이 들기 때문에 전할 필요성조차 느끼지 못합니다. 또 깊은 이야기를 나눌 기회가 오더라도 무슨 말부터 해야 할지 모릅니다. 그러다 보니 자신의 감정과 생각을 있는 그대로 표현하는 일이 편하지가 않습니다. 그런 모습이 자연스러운 집단을 보면 좋아 보이기는 하지만 거리감을 느끼지요. 그래서 혼자 조용히 맡은 임무를 수행하는 환경에 처할 때 훨씬 더 안전하다고 느낍니다. '강해져라' 드라이버 메시지를 따르는 사람들은 겉으로는 아무렇지 않은 듯이 행동합니다. 하지만 속으로 책임의 무게를 견디고 외로움을 삼키고 있을지도 모릅니다.

감정이 없는 사람은
없다

　드라이버 이론을 정립한 타이비 카일러는 우리가 드라이버 메시지를 따를 때 전형적인 말투, 어조, 제스처, 자세, 표정을 통해 그 신호가 나타난다고 말했습니다. 대개 0.5초에서 1초 만에 행동적인 특징이 드러나는 것이지요.

　예컨대 '완벽하라' 드라이버 메시지를 따르는 사람에게서는 보다 완벽한 답을 구사하기 위해 마치 정답을 찾는 것처럼 바닥이나 천장을 응시하는 눈빛을 볼 수 있어요. 또한 차분한 목소리로 '말하자면', '그건 아마도', '내가 말하고자 하는 것은', '첫 번째는' 등의 정확한 단어를 사용하지요.

　'타인을 기쁘게 하라' 드라이버 메시지를 따르는 사람은 다른 사람과 소통할 때 눈썹을 이마 위로 한껏 올리고서 고개를 끄덕끄덕하는 것이 특징입니다. 주로 목소리의 톤이 높고 앙앙거리는 말투로 대화하며 미소가 가득 담긴 얼굴 표정을 하고 있지요.

　'열심히 하라' 드라이버 메시지를 따르는 사람은 보다 열심히 듣고 보기 위해 최선을 다합니다. 눈이 나쁘지 않음에도 마치 안 보이거나 혹은 더 잘 보려는 것처럼 미간을 찌푸리고 경청하는 자세를 보입니다.

'서둘러라' 드라이버 메시지를 따르는 사람은 말이 빠르고 호흡이 가쁩니다. '빨리 하자', '빨리 좀 하라고'라는 말을 주로 쓰면서 급하게 움직이는 모습을 보이는 것이 특징이지요.

그렇다면 '강해져라' 드라이버 메시지를 따르는 사람은 어떨까요? 한마디로 이야기하면 '아무런 표정 없음' 혹은 '제스처 없음'으로 표현할 수 있습니다. 대체로 목소리에 높낮이가 없고, 톤이 낮으며, 표정의 움직임도 거의 없습니다.

왜 그럴까요? 어째서 '별 감정 없음'이 특징일까요? '강해져라' 드라이버 메시지를 듣고 자란 우리는 얌전히 있을 때만 지지를 받고 자랐을 가능성이 큽니다. 어쩌면 양육자의 입장에서는 속 시끄러운 가정 환경을 견뎌 내느라 아이의 감정, 생각, 행동, 느낌을 받아 줄 여력이 없었을지도 모릅니다. 먹고살기가 힘들 뿐 아니라 부모가 자신이 어렸을 때 온전히 이해받은 경험을 해 본 적이 없어서 아이의 표현을 어떻게 받아 주어야 좋을지 모를 것입니다. 그런 태도가 대물림이 되었겠지요. 그래서 자신의 감정을 표현하는 것도, 누군가에게 사랑을 받는 것도 어색하기만 합니다.

이제부터는 내가 나의 부모가 되어서 새로운 메시지를 들려주고 나에게 좀 더 너그러워지십시오.

"혼자서 그 많은 일을 감당하느라 고생 많았구나."

"힘들면 마음껏 울어도 돼."

"내 생각과 감정을 느끼고 있는 그대로 표현해도 괜찮아."

'강해져라' 드라이버 메시지를 받고 자란 우리는 놀랍도록 자립적입니다. 메마른 환경에서 살아남으려면 자신이 더 단단해지는 수밖에 없었거든요. 그래서 타인에게 도움을 청하지 않고 너무 많은 일을 혼자 떠맡기도 합니다. 왜냐하면 타인의 도움을 받으려면 자신의 현재 상태가 어떠한지 알리는 것이 먼저인데, '강해져라' 드라이버 상태에서는 누군가가 자신의 약한 모습을 알아 버린다면 '나를 실패한 사람으로 여길 거야'라는 믿음을 가지고 있어서 힘든 티를 내지 않습니다. 자신의 감정과 마주하고 그것을 타인과 공유하는 일이 자신의 나약함을 인정하는 것과 다름이 없다고 여기기 때문에 대체로 꺼리게 되는 것입니다.

방법 1. 다른 사람에게 도움 받기

이제는 다른 사람에게 도움을 받아도 좋습니다. 아무리 전문성과 숙련도가 쌓였다고 하더라도 일을 할 때 다른 사람과 소통하는 일은 반드시 필요합니다. 우리는 혼자 일하고 혼자 살아가지 않기 때문이지요. 가정에서도 마찬가지입니다. 바깥에서 온종일 힘들게 일을 하고 돌아왔는데 집에 와서까지 밀린 빨래와 설거지를 하고 굴러다니는 머리카락을 쓸어 담고 있지는 않나요? 식구들의 뒷바라지를 매일매일 끝없이 해 나가고 있다면 이것이 혼자 떠맡을 일이 아니라 도움을 받거나 분담해야 할 일이라는 것을 알아야 합니다. 이제는 그렇게 해도 괜찮습니다.

방법 2. 주변 사람들에게 나의 이야기 하기

오늘 아침 출근길은 어땠나요? 오전 업무는 계획한 대로 잘 진행이 되었나요? 점심에는 뭘 먹었나요? 오후에 잠이 오거나 나른하지는 않았나요? 저녁에 친구들과의 만남에서는 어떤 이야기를 나누었나요? 재미있는 이슈거리는 무엇이었나요?

소소한 일상에서 나의 행동, 감정, 느낌이 어떠했는지 가족이나 친구, 주변 사람들과 나누는 연습을 해 봅시다. 지금까지는 늘 누군가의 말을 듣는 입장이었다면 이제는 나의 이야기를 꺼내 보세요. 예전 같았으면 "그냥 그랬어", "별일 없었지", "꼭 그걸 말로 해야 해?"라고 했겠지만, 부끄럽고 어색한 마음은 잠시 밀어 두고 "나의 하루는 이랬어" 하고 말해 보자고요.

"네 마음을 잘 모르겠어", "당신이 무슨 생각을 하는지 모르겠어요", "말을 해야 알지. 말을 안 하면 어떻게 알아?"와 같은 말을 듣는 것이 익숙한가요? 이제 우리는 더 이상 그렇게 하지 않을 거예요. 아주 시시콜콜한 이야기를 나누면서 친밀한 관계를 쌓아 갈 테니까요. 소소한 나의 일상을 궁금해하는 누군가가 있다면 그것은 정말 감사한 일입니다. 이제 나의 사람들과 시시콜콜한 이야기부터 시작해 봅시다. 하나둘씩 꺼내다 보면 다른 사람에게 나를 표현하는 일이 훨씬 자연스러워질 거예요.

부정적 감정을 알아차리는
'시간 구조화'의 기술

드라이버 메시지란 부모 자아가 내리는 명령이라고 말씀드렸습니다. 흥미로운 것은 우리가 드라이버 상태에 몰입된 순간만큼은 오로지 '해야 한다(should)'의 목소리를 따를 뿐 자신을 비판하고 모욕감을 주는 비판적 부모 메시지는 들리지 않는다는 점입니다. 왜냐하면 드라이버 상태에서 우리는 부모 자아가 시키는 대로 하며 그저 말 잘 듣는 '순응하는 아이' 상태가 되어 버리기 때문입니다.

내 안의 순응하는 아이 자아는 부모 자아의 말을 거역할 이유도 에너지도 없습니다. 심지어 무엇이 잘못되었는지 분별하기도 쉽지 않습니다. 그렇기 때문에 부모 자아가 주는 드라이버 메시지를 만족시키기 위해서 완벽히, 열심히, 서둘러서, 기쁘게 하기 위해, 강해 보이기 위해 애쓰게 됩니다.

우리가 일과 사람에 중독되고 외로움과 고립감을 느끼는 이유도 여기에 있습니다. 만약 부모 자아의 드라이버 메시지를 따르지 않았다가는 비난과 경멸의 목소리, 비교와 판단의 목소리에서 결코 자유로울 수 없기 때문이지요. 이러한 이유로 인해 드라이버 상태에 있는 것이 어쩌면 나에게 좋은 일이 아닌가 하는 생각이 들 수도 있습니다.

'완벽하면 꼼꼼히 일해서 좋고, 타인을 기쁘게 하면 사람들과 잘 지낼 수 있어서 좋지 뭐. 강해져라 드라이버 메시지를 따르면 소위 징징대지 않고 묵묵히 일할 수 있고, 서둘러서 일하면 성과가 나오겠지. 적어도 가만히 있는 것보다는 낫지 않겠어?'

물론 부모가 자식이 잘되기를 바라서 잔소리를 하듯이, 부모 자아의 목소리도 내가 살되기를 바라는 미음에서 들려오는 것입니다. 다만 이 목소리를 다루지 못한다면 내 삶에 나 자신은 존재하지 않고 타인의 목소리만 가득할 것입니다. 매 순간순간 다른 사람이 하는 말에 휘둘리고 그들의 부탁과 요청을 들어주느라 내가 원하는 삶은 살지 못할 것입니다. 그래서 우리는 드라이버를 알아차려야 합니다.

당신의 시간을 구조화하세요

드라이버를 알아차리는 첫 단추는 시간을 구조화하는 방법입니다. 에이미 해리스와 토머스 해리스의 《완전한 자기긍정 타인긍정》에서는 부모 자아에서 벗어나는 방법 중 하나로 '심장을 보고 배워라'라고 제시합니다. 사람들은 대개 심장이 평생 뛰고만 있다고 생각하지만 알고 보면 쉬고 움직이는 것을 반복하고 있습니다. 성인의 심장 박동 수는 1분에 약 70회 정도입니다. 0.8초도 안 되는 짧은 순간마다 뛰기 때문에 쉬지 않고 움직이는 것 같지만, 실제로 따지고 보면 24시간 중에 절반 정도는 쉬고 절반 정도는 일을 하는 셈입니다.

당신은 24시간을 어떻게 보내고 있나요? 에릭 번은 "인간은 누구나 시간을 구조화하려는 욕구가 있다"고 말했습니다. 시간의 구조화란 정해지지 않은 낯선 상황에서 우리에게 익숙한 방식으로 시간을 보내려는 욕구를 의미하는데요. 예를 들어 어느 날 무인도에 떨어졌다고 생각해 봅시다. 처음에는 혼란스럽고 무서울 것입니다. 하지만 사람은 당황스러운 채로 계속 그 자리에 머물지 않습니다. 생존을 위해서 무언가라도 하겠지요. 어떤 사람은 자는 곳을 마련하기 위해서 섬의 이곳저곳을 답사하며 시간을 보낼 테고, 어떤 사람은 먹을 것이나 물을 확보하기 위해 시간을 보낼 테지요. 혼자 있기가 극도로 공포스러운 사람이라면 사람을 찾아다니는 데에 무엇보다 많은 시간을 할애할 것입니다.

인간은 대체로 불확실한 것을 좋아하지 않고 익숙한 것을 선호합니다. 그래서 사람들은 익숙한 일을 하며 시간을 보내고자 계획합니다. 그렇게 시간을 보낼 때 우리는 가장 안전하다고 느낍니다.

'완벽하라' 드라이버 메시지를 따르는 사람들은 더 완벽을 기하는 데 대부분의 시간을 쓸 것입니다.

'기쁘게 하라' 드라이버 메시지를 따르는 사람들은 부단히 사람들을 만나고 그들을 기쁘게 하는 데 많은 시간을 보내겠지요.

'강해져라' 드라이버로 자신을 몰아가는 사람은 혼자서 너무 많은 것을 떠맡는 바람에 그것들을 처리하는 데 시간을 할애할 것입니다.

'열심히 하라'와 '서둘러라' 드라이버 메시지에 쫓기는 사람들도 마찬가지입니다. 무언가를 엄청나게 배우고 시도하거

나, 가능한 한 빠르게 일을 처리하기 위해서 바삐 움직이는
데 시간을 쓸 것입니다.

　이제는 판을 바꾸어 시간을 다시 구조화해 봅시다. 24시간
을 나누고 쪼개서 더 이상 드라이버 메시지를 따르는 데 시
간을 쓰지 말고 우리의 몸과 마음이 더 건강해지는 데 시간
을 써 봅시다. 여태껏 작은 주먹에 그 많은 것을 꽉 쥐고 사
느라 얼마나 애를 썼나요? 이제는 꽉 쥔 손의 힘을 풀고 잠시
나마 부담을 내려놓아 보자고요.

에릭 번 심리학
4단계

어떻게
내 안의 갈등을
잠재우는가

인생 태도 바꾸기

Transactional Analysis

Transactional Analysis

나는 옳고
당신도 옳다는 태도

아임 오케이 유어 오케이

교류분석에는 인생 태도(life position)라는 개념이 있습니다. 이것은 '자신과 타인, 세상을 어떻게 바라보는가?'에 대한 기본적인 프레임이자 근본적인 자세를 의미합니다. 우리는 살아가면서 수없이 많은 문제에 봉착하고 이를 풀어 나가는 방식도 저마다 다릅니다. 인생 태도란 우리가 문제를 어떻게 해결해 나가는지와 깊은 관련이 있습니다.

내용은 다음과 같이 요약됩니다.

- 자기 긍정(I'm OK, 나는 옳다)
- 자기 부정(I'm not OK, 나는 틀렸다)

- 타인 긍정(You're OK, 당신은 옳다)
- 타인 부정(You're not OK, 당신은 틀렸다)

그리고 이 네 가지 인생 태도를 다시 네 가지로 조합해 볼 수 있습니다.

자기 긍정-타인 긍정(I'm OK, You're OK)

나도 옳고 너도 옳다는 자세는 자신에게 당면한 문제를 보다 건강하고 긍정적으로 바라보게 합니다. 현실적인 관점에서 해결책을 도모하지요. 이런 태도를 가진 사람들은 나도 그럴 수 있고, 그도 그럴 수 있다는 선한 마음으로 세상을 바라봅니다. 자신은 충분히 사랑스럽고 타인과 세상은 신뢰할 만하다고 여기는 것이 특징입니다.

자기 부정-타인 긍정(I'm not OK, You're OK)

나는 틀렸고 당신은 옳다는 자세는 어떤 일을 하더라도 '나는 잘 못하는데 당신은 잘하네요'라든지 '나는 이것밖에 안 되는데 당신은 뭘 해도 되네요' 하는 생각을 들게 합니다. 다른 사람에 비해 자신은 능력이 없고 무기력하다고 생각하며 위축된 모습을 보입니다.

자기 긍정-타인 부정(I'm OK, You're not OK)

나는 옳지만 당신을 틀렸다는 자세는 스스로에 대한 확신을 가지고 세상을 바라보게 합니다. 다른 사람을 자신보다 한 수 아래로 보며 '당신은 왜 그렇게밖에 못하지?', '당신과 일하려니 답답해서 같이 못 해 먹겠다'고 할 때가 많지요. 아무리 너그럽게 봐주려 해도 잘 안 됩니다. 심지어 자신이 불행한 이유를 다른 사람 때문이라며 남 탓을 하기도 합니다. '내가 당신들 때문에 늘 손해를 본다'는 식으로 자신이 희생자가 된 양 다른 사람을 비난하지요.

자기 부정-타인 부정(I'm not OK, You're not OK)

나도 틀렸고 당신도 틀렸다는 자세는 나도 별로지만 너도 별로라는 생각을 가지고 세상을 바라보게 합니다. 삶이 가치가 없고 절망스럽다고 여깁니다. 나도 틀렸지만 너도 틀려먹었기 때문에 이 세상은 믿을 수 없고 자신을 도와줄 사람은 아무도 없다고 믿는 것이지요.

사람은 이 네 가지 인생 태도 중 한 가지를 바탕에 두고 살아갑니다. 그러나 교류분석 학자 프랭클린 에른스트는 사람이 한 가지 태도에만 고정적으로 머무르는 것이 아니라 순간

순간 여러 태도를 번갈아 취한다고 말합니다. 그는 이것을 'OK 목장'이라고 불렀지요.

예컨대 어떤 사람이 부모의 좋은 양육 태도 덕분에 '자기 긍정-타인 긍정'의 인생 태도를 취하게 되었다고 가정해 봅시다. 그렇다면 이 사람은 평생 '자기 긍정-타인 긍정'의 자세에 머무르며 긍정적으로 살아갈까요? 그렇지 않습니다. 평소에는 이 태도에 머무를 수 있지만 스트레스가 극심한 상황이 찾아오면 얼마든지 다른 태도를 취할 수 있습니다.

우리는 수많은 자극 속에서 살아갑니다. 자극 중에는 나의 태도를 OK, 즉 긍정적인 태도로 만드는 것이 있는가 하면 하루에도 몇 번씩 우리를 NOT OK, 즉 부정적인 태도로 반응하게 만드는 것도 있습니다.

아무것도 하지 않으면
불안한 당신에게 필요한 것

허가

#. 아무리 열심히 해도 만족스럽지 않아요

어느 날 전 직장 동료에게서 전화가 걸려 왔습니다. 퇴사한 지가 수년 전이라 그와 오랜만에 나눈 연락이었지만 둘다 교육 업계에서 회사를 차린 터라 공유하고 있는 부분이 꽤 많은 사이였습니다.

"잘 지냈나요? 요즘 어떻게 지내요?"

"저요? 저는 아무것도 안 하고 일만 하고 있어요."

"요즘 같은 세상에 일하는 것이 가장 큰 일이죠. 잘하고 있네요."

"잘하고 있는 게 맞을까요? 저는 아무것도 안 하는 것 같은데…."

간단한 안부를 주고받는데 아무래도 상대방의 목소리가 개운치 않았습니다. 그는 자신이 현재 아무것도 하고 있는 게 없고, 단지 주어진 일만 하고 있다면서 이렇게 살아도 되는 건지 모르겠다는 고민을 털어놓았습니다.

그런데 그의 이야기를 들을수록 그는 본인의 말과는 달리 열심히 살고 있는 게 느껴졌습니다. 어려운 시국임에도 크고 작은 프로젝트를 따냈고 동시에 박사 논문까지 준비하고 있었습니다. 게다가 개인 블로그, 회사 홈페이지, 영상 홍보 채널을 꾸준히 관리하고 있는 데다가 결혼한 지 얼마 안 된 새신랑이라 가정에도 최선을 다하고 있었지요.

그는 자신이 해야 할 것도 많고 하고 싶은 것도 많은데 몸이 하나라 쉴 틈 없이 일해야 한다고 말했습니다. 일은 해도 해도 끝이 보이지 않는데 막상 여분의 일을 하려니 하기가 싫어서 그냥 벌러덩 누워만 있을 때도 많다면서요. 가정을 꾸리고 나니 자신만 생각할 수도 없는 노릇이라 머릿속이 복잡해 매일 밤마다 술로 잠을 청하곤 한답니다. 그는 예전 같지 않은 텐션에 자책하기를 반복하고 있었습니다.

"제 열정이 식었나 봐요. 저는 왜 이 정도밖에 안 될까요?"

그렇다고 마음 편히 쉴 수도 없었습니다. 자신은 '물이 들어올 때 노를 저어야 한다'는 생각이 강해서 한창 바쁠 때 일하지 않으면 오히려 불안해진다는 것입니다. 이러한 탓에 이미 많은 일을 하고 있으면서도 아무것도 하는 일이 없다며 죄책감을 가지기 일쑤였습니다. 이 패턴이 반복되다 보니 이제는 우울감마저 든다고 합니다.

자신을 온전히
허용해 주는 마음, '허가'

요시타케 신스케의 《더우면 벗으면 되지》는 그저 '더우면 벗으면 되고, 추우면 다시 입으면 될 뿐'이라고 말합니다. 이 메시지는 해야 할 일이 너무 많아서 버거운 우리에게 자신을 사랑하는 간단한 방법을 위트 있게 전해 주는 듯합니다. 손 하나 까딱하기 힘들 정도로 피곤하면 하루쯤 양치질을 건너뛰고 좀 누워 있어도 됩니다. 일에 지쳐 기운이 점점 바닥으로 떨어지는 것 같다면 먼 산을 바라보며 아무것도 하지 않는 시간을 보내도 좋지요.

이 그림책을 읽고 있으면 갑갑했던 마음이 풀어지고 살랑 불어오는 바람에 숨통이 트이는 듯한 느낌을 받습니다. 자신을 허가한다는 것은 '반드시 이렇게 해야 하는 거 아니야?'라는 생각이 들 때 '꼭 그렇게 해야 하는 것은 아니야. 그렇게 하지 않아도 괜찮아'라고 말해 주는 것입니다. '절대 그렇게 하면 안 돼!'라는 생각이 든다면 '그렇게 하면 좀 어때? 그렇게 해도 괜찮아'라고 말해 주는 것입니다. 나를 향한 엄격한 잣대를 내려놓고 괜찮다고 말해 주는 것이 바로 '허가'입니다.

부정적인 감정에 사로잡혔다면 어떻게 해야 하는가

《TA 개념과 학습전략》에 따르면 우리는 하루의 60%에서 70%의 시간을 드라이버 행동에 따라 보낸다고 추정했습니다. 즉 '무언가를 해야 해'라는 생각으로 자신을 몰아가면서 하루를 보낸다고 해도 과언이 아닌 셈이지요.

자신의 드라이버 메시지가 무엇인지 알고 충분히 그것과 반대되는 허가를 자신에게 줄 수 있다면 어떤 성격이든 나의 긍정적인 자원이 된다는 것을 앞서 다루었습니다. 하지만 앞서 언급한 사례처럼 업무량이 많아 눈에 띄는 성과를 당장 내지 못할 수도 있고, 결혼 생활에 적응하느라 하던 일이 생각만큼 진전되지 않을 수도 있습니다. 또 일이 많아지다 보면 체력적인 한계에 부딪힐 수도 있지요.

그날그날 기분이 오르락내리락할 수도 있습니다. 좀처럼 내 마음 같지 않은 인간관계로 길을 잃을 때도 있고 예상치 못하게 일이 지체되거나 고용 형태가 바뀌는 등 가슴이 턱 막히는 일도 얼마든지 생길 수 있습니다.

이처럼 우리는 언제 어디서든 자신을 NOT OK로 반응하게 만드는 상황과 맞닥뜨릴 수 있습니다. 그렇게 되면 더는 부모 자아가 주는 드라이버 메시지를 따를 수 없지요. '무언가를 해야 해!' 하는 목소리를 계속해서 따르기에는 이미 너무 많은 에너지를 써 버렸기 때문입니다. 이럴 때 우리는 부정적인 감정 상태에 빠지게 됩니다.

안타깝게도 우리가 이미 부정적인 감정 상태에 빠져들었다면 '그렇게 하지 않아도 괜찮아' 혹은 '그렇게 해도 돼'라는 허가의 목소리가 더 이상 힘을 발휘하기 어렵습니다. 왜냐하면 이미 나는 아무것도 할 수 없고, 무엇도 하지 못할 것이라는 부정적인 감정에 사로잡혔고, 아무리 벗어나려고 해도 마음을 움직이기가 쉽지 않기 때문입니다. 이런 상황에서 우리에게 필요한 것은 자신을 부정적인 감정으로 빠지게 만드는 목소리를 분별하고 이를 몰아내는 작업입니다.

부정적인 감정에
빠져드는 당신이 알아야 할 것

스토퍼

"인간은 자신의 성장을 방해하는 유일한 유기체다."

게슈탈트 심리 치료의 창시자 프리츠 펄스는 이렇게 말했습니다. 성장하고 변화하는 삶을 살기 위해 우리가 해야 할 일은 비단 무엇인가를 해내는 일만이 아닙니다. 나의 성장을 방해하는 부정적인 감정이 떠오르지 못하도록 맞서 싸우는 일도 필요합니다.

우리는 스스로를 몰아세우는 부모 자아의 목소리에 따라 열심히 노력하며 살아간다고 이야기했습니다. 그런데 사람은 열심히 일만 하기 위해서 태어나지 않았습니다. 삶의 에너지를 균형 있게 쓰지 않는다면 종국에는 금세 지쳐 에너지는 바닥이 드러나기 마련이지요. 그러면 더는 부모 자아의 목소리를 따를 수 없게 됩니다.

이때 마음속에는 '그렇게 하지 못한 나는 NOT OK야', '그 메시지를 따르지 않았으니 나는 더 이상 아무것도 할 수 없고 무엇도 못할 거야'라며 자신을 비난하고 자책하는 목소리만 남습니다. 자연스레 '당신은 옳지만 나는 틀렸다'라는 '자기 부정-타인 긍정'의 태도를 보이게 되고요.

교류분석에서는 이 목소리의 정체를 '스토퍼(stopper)'라고 합니다. '드라이버를 정지시키는 자'라는 의미입니다. 안타깝게도 좋은 의미의 정지가 아니라 부정적인 의미의 정지입니다. '무언가를 해야 한다'는 메시지를 따르지 못한 자신에 대한 실망스러움과 좌절감으로 인해 드라이버를 멈춰 세우고 이제부터는 자책하기 시작하는 단계로 접어드는 것입니다.

'나는 틀렸어'라는 생각을 하게 되는 이유

우리가 어린 시절에 부모나 주 양육자로부터 경험하고 전달받은 수많은 메시지는 고스란히 부모 자아에 기록된다고 말씀드렸습니다. 또한 '반드시 그렇게 해야만 OK야'라는 부모 명령이 마음속에서 요동칠 때 그것은 드라이버 메시지가 되어 자신을 그렇게 하도록 몰아간다는 이야기를 앞서 다루었지요.

그런데 부모는 '무엇을 하라'는 부모 명령만 내리는 것이 아닙니다. 무의식 깊은 곳에서 '이것을 하지 마', '이것을 해서는 안 돼'라는 금지 명령도 내립니다. 금지 명령은 부모와 자녀가 서로 아이 자아 상태에서 비언어적으로 주고받은 것으로, 부모가 고통을 느낀 상황에서 나오는 것이 특징입니다.

예를 들어 자신의 아이를 보며 "너를 낳지 말았어야 했어"라고 말하는 부모는 흔하지 않을 것입니다. 하지만 몸이 아픈 상황에서 병원비를 다달이 지출해야 하는데 가족을 위해 힘겹게 돈도 벌어야 하는 상황에 처했다면 어떨까요. 삶의 고단함 때문에 저절로 나오는 한숨은 소중한 나의 자식에게도 숨길 수 없을 것입니다. 겉으로 드러나지는 않지만 불안함, 비참함, 실망감, 분노 등의 감정을 느끼게 됩니다. 그리고 대개 이러한 감정들은 부모 자신도 의식하지 못한 채 자녀에게 전달됩니다.

교류분석 학자인 밥 굴딩과 메리 굴딩은 아이의 삶 전반에 부정적인 영향을 미치는 12가지 금지 명령 메시지를 정리했습니다.

'하지 마' 금지 명령

1. 존재하지 마라

2. 자신의 성이(남자 혹은 여자가) 되지 마라

3. 중요한 사람이 되지 마라

4. 제정신으로 지내지 마라

5. 소속되지 마라

6. 성공하지 마라

'안 돼' 금지 명령

7. 아이처럼 굴어서는 안 된다

8. 성장해서는 안 된다

9. 아무것도 느껴서는 안 된다

10. 친하게 지내서는 안 된다

11. 아무것도 생각해서는 안 된다

12. 아무것도 해서는 안 된다

굴딩 부부는 이러한 금지 명령을 받아들이거나 거부할 힘
은 아이 자신이 가지고 있다고 주장합니다. 그뿐만 아니라

성장 과정에서 부모와 상관없이 자신의 경험에 따라 스스로에게 금지 명령을 줄 수도 있다고 보았습니다. 어떠한 이유로든 금지 명령이 내 안에서 자리 잡았다면 상황이 자신이 원치 않는 방향으로 흘러갈 때마다 스스로를 부정적인 감정의 독에 가두고 고통을 겪게 됩니다. 그러면 '나는 옳지 않아', '나는 틀렸어'라는 생각에 오래 머무르게 되는 것입니다.

'완벽하게 처리하지 못했으니 나는 존재할 이유가 없어.'
'다른 사람을 기쁘게 하지 못했으니 그룹에서 낙오될 거야.'
'나는 절대로 내 생각을 말할 수 없고 부정적인 감정을 느껴서도 안 돼.'
'열심히 하지 않았으니 더 이상 성장할 수 없어.'
'그 일을 빠르게 처리하지 못했기 때문에 결코 중요한 사람이 될 수 없어.'

우리에게 금지 명령의 메시지는 어쩌면 부모 명령보다 더 가혹합니다. 부모 명령은 시키는 대로 하기만 하면 불안하거나 두렵지는 않으니까요. 그러나 부모 자아의 메시지를 따르지 못했을 때 들려오는 낙담의 메시지는 특히 사회적인 동물인 인간에게 매우 고통스럽습니다. 그래서 대개 우리가 인생

각본을 형성할 때는 금지 명령을 감추기 위해서 드라이버 메시지를 덮어씌우기도 합니다. 이를 '복합 결정'이라고도 하는데요. 결국 금지 명령을 따를 때조차 드라이버 행동들이 강화되는 것입니다.

'완벽하게 하는 한, 나는 살아남을 수 있어.'

'다른 사람을 기쁘게 하는 한, 이 그룹에 소속될 수 있어.'

'다른 사람에게 이 고통을 말하지 않는 한, 나는 감정을 지킬 수 있어.'

'무엇이든 열심히 하는 한, 성장할 수 있어.'

'서둘러 빠르게 처리하는 한, 중요한 사람이 될 수 있어.'

●

왜 매사에
자신감이 없는가

'하지 마' 금지 명령

존재하지 마라

사활을 걸고 일을 하는 사람들이 있습니다. 24시간 중에서 먹고 자는 시간을 제외하고 일에 매달린 사람들은 마치 그렇게 하지 않으면 절대로 안 될 것처럼 굴며 끊임없이 스스로를 고통에 빠뜨립니다. 항상 자신이 고집하는 대로 일이 진행되면 좋으련만, 안타깝게도 모든 것은 사람이 하는 일이기에 언제든 예기지 못한 상황이 발생하게 마련입니다.

예컨대 '완벽해야 해'라는 드라이버 메시지의 지배를 받는 사람이 있다고 가정해 봅시다. 그런데 몸이 아프거나 실수를 하는 등 자신이 생각하는 틀에서 벗어나는 사건을 겪고 더는 드라이버 메시지를 따를 수 없는 상황이 발생했습니다. 이럴 때 우리는 부정적인 감정 상태로 쑥 빠져듭니다. 왜냐하면 마음속 깊은 곳에서 '완벽하지 못한 나는 존재할 이유가 없어', '열심히 하지 않는다면 살 가치가 없어'라는 금지 명령이 함께 작용하기 때문이지요.

자신도 모르는 사이에 '존재할 이유가 없다', '살 가치가 없다'는 기분에 빠져들 때 우리는 순식간에 세상에서 제일 불행한 사람이 되어 버립니다. 너무 고통스럽지요. 이런 메시지를 가지고 있는 사람은 이에 저항하는 복합 결정을 내릴 것입니다. '완벽하게 하는 한, 나는 계속 살아남을 수 있어'라고 말입니다.

자신의 성이(남자 혹은 여자) 되지 마라

'맏이' 하면 고전적으로 뒤따라 붙는 단어는 대개 '책임감'일 것입니다. 저의 아버지는 저와 11살 차이가 나는 4대 독자 남동생을 옆에 두고 초등학생이었던 저에게 "네가 남자로 태어났어야 했는데"라는 말을 입버릇처럼 하셨습니다. 형편이 좋지 않으니 남자로 태어나 밥벌이에 보탬이 되는 일을 하기를 바라셨던 것이지요. 물론 실제로는 여자도 밥벌이를 할 수 있습니다. 단지 남자 혹은 여자라는 단어에 누군가의 해석이 들어갔을 뿐이지요.

이처럼 아들을 원했는데 딸이 태어나거나, 딸을 원했는데 아들로 태어난 집안이라면 특히 이런 금지 명령이 자리 잡기 쉽습니다. 여자아이에게 남자 같은 이름을 붙이거나, 남자아이인데도 머리를 묶어 주고 화려한 옷을 입히는 것도 '네가 다른 성으로 태어났어야 했는데'라는 메시지를 비언어적으로 전달하는 것일 수 있습니다.

이 경우, 언제든지 'NOT OK'의 자극이 감지되는 순간 '자신의 성이 되지 마라'라는 금지 명령이 나도 모르게 마음속에 울려 퍼집니다. 이런 메시지가 자신을 지배할 때는 단순히 '여자 또는 남자가 되지 말았어야 했는데'라고 생각하지 않습니다. '더 책임감을 가졌어야 했는데', '이 집에서 그 역할을 맡을 사람은 나밖에 없는데', '아들 혹은 딸의 역할을 해야 했는데'라는 식으로 죄책감에 빠져들게 됩니다.

중요한 사람이 되지 마라

식상인은 무능력이 드러날 때까지 승진한다는 말이 있습니다. 실무자로서의 능력은 뛰어나지만 리더로서의 능력을 드러내야 하는 자리에 앉으면 어려움을 겪고 더 이상 자리에 오르지 못한다는 뜻에서 비롯된 말이지요. 물론 자신의 한계를 인정하고 발전하기 위해 노력하는 사람도 있습니다만, 반대로 자신의 부족한 점을 감추기 위해 애를 쓰다가 결국 좋지 않은 결과를 얻는 사람도 있습니다.

예를 들어 '완벽하라'와 '타인을 기쁘게 하라' 드라이버 메시지를 따르는 사람이 있다고 가정해 봅시다. 이 사람은 어떻게 해서든 타인의 기분을 맞추며 자신의 능력을 증명하기 위해 애쓰겠지요. 하지만 이상하게도 노고를 인정받아 더 높은 직책을 맡을 기회가 오면 문턱에서 좌절하는 경험을 하곤 합니다. 작은 실수로 인해 승진의 기회가 엎어지거나, 평소에는 그럴 사람이 아닌데 갑자기 무책임한 행동을 해 버려서 사람들을 실망시키는 일이 발생하기도 합니다. 사람들 앞에 나서서 뭔가 중요한 말을 해야 할 때면 머리가 하얗게 바뀌어서 할 말을 못 하게 되는 상황이 벌어지기도 하지요.

'나는 그 직책을 맡을 만큼 일을 잘하는 사람이 아니야. 사람들은 모르겠지만 난 아직 부족한 게 많아.'
'조만간 다른 곳으로 갈지도 모르는데 내가 그 임무를 맡을 수는 없어. 나는 그렇게 대단한 사람이 아니라고.'

이런 마음이 몰려올 때면 자신이 끝없이 못 미더워집니다.

자신보다 잘하는 사람이 많은데 왜 하필 나에게 그런 역할을 맡으라고 하는지 모르겠습니다. 앞으로는 두각을 나타내는 일 따위는 절대 하지 않으리라 맹세하지요.

우리 안에서 '중요한 사람이 되지 마라'는 메시지가 작동될 때 사고는 이렇게 흘러갑니다.

'두각을 드러내는 일은 절대로 할 수 없어.'
'어차피 내가 진짜 중요해서 그 자리에 앉힌 건 아니잖아.'
'내가 중요한 인물이라 할지라도 그것을 누군가에게 알리고 싶지는 않아.'

제정신으로 지내지 마라

자녀를 매우 엄격하게 대하는 부모가 있었습니다. 아이가 초등학교에 입학하기 전부터 자기의 일은 스스로 해야 한다며 옷을 입고 벗는 일, 밥을 먹는 일, 씻는 일, 방을 정리하고 숙제를 하는 일까지 질서정연하게 행동하게끔 교육을 시켰지요. 하지만 아이가 이리다면 부모가 아무리 달래고 혼을 내도 쉽게 흐트러지는 것이 당연합니다. 그렇지만 엄격한 부모는 절대 타협하지 않습니다. 부모가 하는 말은 무조건 들어야 한다며 일방적으로 이야기했지요.

그런데 딱 하나 무조건적으로 아이의 모든 것을 허용해 주는 순간이 있었는데요. 그것은 바로 아이가 아플 때였습니다. 아이가 아픈 날에는 아무리 일이 바빠도 아이를 지극정성으로 돌보았고 평소처럼 정해 놓은 일을 하지 않아도 모든 것이 허용되었습니다. 아이의 병치레가 끝나면 다시 엄격한 양육 태도로 일관하였지만요.

이럴 때 아이는 자신이 살아남기 위해서 어떤 전략을 쓸까요? 아마도 '내가 관심을 끌려면 아파야 해' 혹은 '어려운 상황을 모면하려면 드러눕는 게 최고야'라고 생각하지는 않았을까요? 물론 부모는 자녀에게 한 번도 "건강해서는 안 돼"라고 말한 적이 없습니다. 하지만 결과적으로는 부모도 모르게 이러한 금지 명령을 자녀에게 전해 준 셈입니다.

아이는 성인이 된 후에도 문제가 생길 때마다 무기처럼 이 전략을 사용할 것입니다. 학교에서 조별 과제를 수행할 때도, 회사에서 어떤 일을 도맡아야 할 때도, 심지어 친구들과 여행을 떠나는 순간마저도 자신이 해야 할 일이 많아지거나 일이 어렵게 풀리는 것 같으면 머리가 지끈 아파 올 테지요.

만약 부모가 강압적인 태도를 보일 때마다 미친 듯이 날뛰며 온 몸으로 저항하는 아이가 있다고 가정해 봅시다. 그럴 때마다 부모는 아이가 원하는 것을 다 들어주었고요. 이 아이는 아마도 성인이 되고 문제를 해결해야 할 순간이 올 때마다 분노나 울음을 터뜨리는 것으로 상황을 모면해 갈 것입니다.

소속되지 마라

'깊은 밤 뜬눈으로 지새우게 생겼는데
전화번호부를 열어 본다
가나다순으로 줄 세우니 삼백 명쯤 되는구나 (중략)
어떤 사람이든 몇 마디든 내 말을 들어 주면 좋겠는데
난 지금 어떤 사람의 말도 들어 줄 수가 없네'

장기하의 노래 〈깊은 밤 전화번호부〉의 가사입니다. 살다 보면 누군가와 단 몇 마디라도 좋으니 속마음을 털어놓으며 대화하고 싶을 때가 있습니다. 하지만 막상 전화번호부를 뒤적여 보면 마땅한 사람이 없지요. 전화번호부에는 가족도 있고 친구, 회사 동료, 대학교 동창도 있습니다. 모임에서 만나 친하게 지내 온 무리도, 초등학교 때부터 알고 지내 온 고향 친구들도 있습니다. 그런데 헛헛한 마음을 나눌 만한 사람은 쉽사리 떠오르지가 않습니다.

'누울 자리를 보고 발을 뻗어야지.'

'사람들이 좋아하지 않을 거야.'

'이 친구랑은 이런 주제로 대화하기가 좀 서먹하지.'

'그룹 채팅방에 슬쩍 말을 걸어 볼까? 에이, 아니다. 하지 말자.'

아무리 둘러보아도 마음 하나 털어놓을 곳이 없다는 생각에 쓸쓸함과 외로움이 밀려옵니다. 하지만 어쩌면 이게 더 편할지도 모릅니다. '어차피 내 말을 진심으로 들어 줄 사람은 없을 텐데 뭐', '인생은 혼자 가는 거지. 내가 언제는 누구한테 손 벌린 적 있었나'라고 하며 말이죠.

우리는 태어나서 죽을 때까지 가족, 또래 집단, 지역 사회, 회사, 학교 등에 소속되어 살아갑니다. 사람은 누구나 자신이 속한 그룹에서 안전감을 얻지요.

하지만 우리가 스토퍼의 상태에서 자기 부정의 감정에 빠져들 때는 이야기가 달라집니다. 자신도 모르는 사이 '어떤 그룹에도 속할 수 없어', '어디에도 결코 소속해선 안 돼', '그건 골치 아픈 일이야'라는 생각을 하게 됩니다. 어디에도 소속되지 못한 자신의 처지를 안주 삼아 외로움을 씹으면서 말입니다. '소속되지 마라'의 금지 명령이 내면에서 울려 퍼질 때 우리는 어디에도 소속되지 못하고 겉도는 자신을 지지하게 되는 것입니다.

성공하지 마라

세상에 있는 어떤 부모도 자녀가 실패하기를 바라지는 않습니다. 하지만 완벽주의 부모가 주는 부정적이고 폭력적인 언행이 자녀에게 실패를 부추기는 경우가 있습니다.

"그렇게 하면 안 된다니까. 내가 말했지? 네 방식대로 하면 실패한다고."
"그런 식으로 하다가는 길거리에 나앉는다."
"기껏 어렵게 학교 보내 놨더니 고작 한다는 일이 장사냐?"

부모의 입장에서는 진심으로 자녀가 성공하기를 바라서 한 말일 것입니다. 하지만 안타깝게도 자신이 하는 일에 끊임없이 비판을 받는 아이는 부모의 말을 "너는 무엇 하나 제대로 하는 세 없다"라고 받아들이면서 자신은 무엇을 해도 성공할 수 없을 것이라는 생각에 빠져들 것입니다.

'성공하지 마라' 금지 명령이 우리 마음속을 지배하고 있을 때는 '이러다 언젠가는 실패하겠지', '지금 일이 잘 풀리고 있는 걸 보니 곧 실수가 터질 것이 분명하다', '나는 무엇을 해도 안 된다'는 식의 부정적인 사고와 감정을 가지게 됩니다.

왜 끊임없이
자책하게 되는가

'안돼' 금지명령

아이처럼 굴어서는 안 된다

'아이처럼 굴어서는 안 돼' 금지 명령을 따르고 있을 때 우리의 마음속에서는 이런 생각이 떠오릅니다.

'어른답게 행동해야지.'
'이 일을 끝내기 전에는 즐길 수 없어.'
'놀 시간이 있긴 해? 어서 할 일부터 하자.'
'애들이 하는 짓을 해 버렸네.'

'아이처럼 굴면 안 된다'는 메시지를 따르는 사람들은 항상 조용하고 근엄한 자세로 어른스럽게 행동합니다. 이들은 다른 사람들이 재미있게 시간을 보내는 와중에도 다소 경직된 모습을 보여 줍니다. 마음껏 놀고 싶지만 왠지 모를 죄책감을 느끼거든요.

대체로 바쁘거나 엄격한 부모 아래서 자란 사람들이 이러한 금지 명령을 따릅니다. 왜냐하면 너무 일찍 철이 들었기 때문입니다. 아이는 고생하는 부모님의 짐을 덜어 드려야겠다는 마음에 더 이상 아이처럼 굴지 않습니다. 어쩌면 자신이 얼른 자라서 어른이 되어야 한다고 결심했을지도 모릅니다. 그 결심은 나이가 들어서 결혼을 한 후에도 계속되어 시댁과 친정 가족까지 모두 끌어안고 보살핍니다.

이 금지 명령을 따르는 사람들은 '놀아서는 안 돼', '즐길 수 없어', '투정 부리지 마'라는 생각으로 혼자서 어른의 역할을 짊어지려 합니다. 그들의 마음속을 지배하는 금지 명령은 타인에게 피해를 주지 않고 자기 일에 책임을 져야 한다는 어린 시절의 결단에서 비롯된 것일 수도 있습니다. 만약 자신이 내린 결단이나 오래전부터 가져 온 신념으로부터 벗어나는 상황이 오면 '내가 겨우 이 정도밖에 안 되는 사람이었나?'라며 스스로를 무가치하게 여기고 자책하며 부정적 감정에 빠져들게 되는 것입니다.

성장해서는 안 된다

작은 식료품점을 운영하면서 남매의 양육과 생계를 책임지던 어머니가 있었습니다. 아버지는 직물 공장에 다니다가 사고로 손을 심하게 다쳤고 그 충격으로 인해 며칠씩 집에 들어오지 않는 날이 잦았습니다. 그나마 집에 오는 날이면 술에 잔뜩 취해서 거실 마루와 현관에 반쯤 몸을 걸친 채로 쓰러져 있었죠. 어머니는 속이 새까맣게 타들어 갔지만, 남매를 위해 작은 가게를 일구며 열심히 살았습니다. 하지만 아들이 사춘기에 접어들자 아버지를 그대로 옮겨다 놓은 모습을 보여 주어 어머니의 고통은 더 심해졌습니다. 어머니는 한숨을 쉬며 딸에게 말합니다. "너는 크지 마라."

밥 굴딩과 메리 굴딩의 《재결단치료》에 의하면 '성장해서는 안 된다'는 금지 명령의 메시지는 대개 어머니가 막내 아이에게 줍니다. 또한 부모에게 안기고 싶어 하는 딸에게 이제 다 컸다고 말하며 더 이상 안아 주지 않는 경우에도 금지 명령이 전해질 수 있습니다. 자녀들은 부모의 이러한 행동을 '성장하지 않아야 사랑받을 것이다', '성장한다면 나를 사랑해 주지 않을 것이다'라는 식으로 해석할 수 있거든요.

이러한 금지 명령을 따르는 사람들은 성장하고 싶지만 결코 성장하지 못하는 감옥에 갇히게 됩니다. 중년이 되어서도

'엄마를 두고 나 혼자만 잘 살 수는 없어'라고 생각하며 부모와 함께 살고 그들의 요구에 맞게 생활하는 것 역시 이런 메시지의 지배를 받는 경우라 할 수 있습니다.

아무것도 느껴서는 안 된다

동요 〈울면 안 돼〉에 "산타 할아버지는 우는 아이에겐 선물을 안 주신대"라는 가사가 있습니다. 이 노래 가사처럼 때로는 가족끼리도 감정을 있는 그대로 느끼고 표현하는 것을 금지하는 경우가 있습니다. 특히 부정적이라고 여겨지는 슬픔, 분노, 두려움과 같은 감정이라면 더욱 그러하지요.

'어른을 보면 웃어야 예쁜 사람이지', '다 큰 아이는 우는 게 아니에요'라는 말을 듣고 자라면 감정을 온전히 느끼고 표현하는 일이 꺼려집니다. 또 어떤 부모는 아이에게 '네가 느끼는 것을 느껴서는 안 되고 내가 느끼는 것을 느껴라'라는 식의 메시지를 전달하는 때도 있습니다.

예컨대 오랜만에 엄마의 친구들과 만나서 놀고 즐기는 자리에 아이가 함께 갔습니다. 어른들만 동석한 자리였으니 이 아이는 시간이 지날수록 지루함을 느낄 수밖에 없지요. 아이는 점차 울고 떼를 쓰기 시작합니다. 하지만 오랜만에 모임에 나간 엄마는 이런 아이의 감정을 인정하기가 싫습니다.

"내가 얼마 만에 나간 모임인데 네가 그럴 수 있니?"라고 말하며 돌아오는 길에 아이를 향해 고래고래 소리칩니다. 그 후로도 "나는 배가 안 고픈데 너는 벌써 고프니?", "나는 추운데 너도 윗옷을 좀 입지 그러니"라는 부모의 말을 아이들은 '너는 아무것도 느끼지 마라'는 금지 명령의 메시지로 해석할 수 있습니다.

 '아무것도 느껴서는 안 된다' 금지 명령을 따르는 사람은 성인이 된 지금 심각한 문제를 겪게 될 수도 있습니다. 만약 어린 시절에 부모가 주는 메시지를 통해 '아픈 것을 참아라', '고통을 느끼지 마라'라고 해석하고 결단했다면 성인이 된 후에도 병원에 잘 가지 않을 것입니다. 왜냐하면 아픔을 참는 일이 익숙해져서 이 고통이 얼마만큼 위협적인지 스스로도 잘 구별하지 못하기 때문입니다.

 누구에게도 감정을 지지받지 못했기 때문에 그저 잠자코 있는 것이 미덕인 줄 알고 자라 온 아이는 자신의 감정과 마주하는 상황이 오면 혼란스럽습니다. 무엇을 느껴야 하고 어떻게 표현해야 하는지 그저 막막하고 암울하기만 하지요.

친하게 지내서는 안 된다

 사람은 착한데 어딘지 모르게 어두운 그늘이 보이는 그 남자, 밝은 미소 뒤에 슬픈 사연을 가득 숨겨 둔 것만 같은 그 여자는 사귀는 내내 밑 빠진 독처럼 사랑을 주어도 만족하지 못합니다. 설상가상으로 바람을 피우거나 잠수를 타기도 합니다. 울고 불며 만나고 헤어지기를 반복하다 보면 상대방에게서 이런 말이 돌아오지요.

"난 역시 사랑받을 수 없는 존재였어. 널 더 사랑해 주는 사람을 만나. 난 원래 이런 사람이니까."

'친하게 지내서는 안 된다' 금지 명령을 따르는 사람은 자꾸 상대방을 밀어낸다는 특징이 있습니다. 처음에는 친해지고 싶은 마음에 '타인을 기쁘게 하라' 드라이버 메시지를 따르며 상대방과 잘 지내지만 온전한 신뢰를 주고받지는 못합니다. 상대방이 보여 준 호의에도 이것이 거짓된 마음은 아닌지 계속 의심합니다. 상대방이 자신을 음해하려는 의도가 없다는 것이 확인되더라도 이들은 지속적으로 상대방을 의심하며 관계를 시험할 것입니다.

이 금지 명령의 지배를 받을 때 우리의 사고는 이렇게 흘러갑니다. '그럼 그렇지, 나 같은 애와 사귈 사람은 없어', '친해지는 것이 다 무슨 소용이야', '어차피 다들 떠날 텐데 뭐'라고 말입니다.

아무것도 생각해서는 안 된다

한 40대 여성은 아이 셋을 낳고부터 살이 빠지지 않아 고민이었습니다. 아이들을 돌보며 짬짬이 아르바이트를 해야 했던 여성은 힘든 마음에 보상 심리가 생겨 밤마다 배달 음식과 술을 찾았습니다. 그녀의 스케줄은 늘 빡빡했습니다. 일을 다녀오면 가족들의 저녁 식사를 챙기느라 제대로 쉬지 못했습니다. 이러한 탓에 낮에는 밥을 거의 먹지 못하다가 밤에 폭식하기를 반복했고 비만, 고혈압 등 건강에도 빨간불이 들어왔습니다. 옷을 입어도 예전 같지 않은 태, 물 먹은 솜이 불처럼 무거운 몸, 지쳐 가는 얼굴에 점점 자신감도 사라져 갔지요.

그러다 가끔은 자신이 안 좋은 병에 걸리면 아이들과 남편은 어떻게 될지 걱정하기도 합니다. 그래서 그녀는 매일 밤 맥주를 마십니다. 시원한 맥주 한 잔은 모든 고민과 하루의 피로를 다 씻어 주는 것 같거든요. 매일 술을 마시면 살이 찌고 건강에도 안 좋을 것이라 걱정이 되다가도, 맥주를 집어들 때면 이런 목소리가 들려옵니다.

'아무 생각 하지 말고 일단 마셔. 이거라도 마셔야 네가 숨을 쉬고 살지.'

그녀의 아버지도 그랬습니다. 힘든 노동을 하고 돌아와서는 매일 밤 식탁에서 술을 따라 드셨지요. 걱정되는 마음에 술을 줄여 보시라 말해도 별 소용이 없었습니다. "그만해라. 이거라도 마셔야 내가 살지."

'아무것도 생각해서는 안 된다' 금지 명령은 아이의 생각이 지속해서 무시될 때 전달되기도 합니다. 예를 들어 아이가 가족들이 당면한 문제에 대한 자신의 생각을 말했는데 "네가 뭘 안다고", "어른들 하는 일에 끼어들지 마", "넌 그냥 아무 생각 하지 말고 저기 가서 놀아"라는 말을 듣는다면 어떨까요? 아마도 이 아이는 '나는 아무 생각을 해서는 안 되는구나' 하고 생각할 것입니다.

이 금지 명령은 때로 '문제란 문제에 다 시달리되 당면한 현안만 빼고 생각하라'는 메시지로 작용하기도 합니다. 그렇기에 문제를 해결해야 하는 상황과 맞닥뜨렸을 때 문제를 어떻게 해결할지는 생각하지 않고 부정적인 감정에만 깊이 빠질 수 있습니다.

아무것도 해서는 안 된다

안전과 청결에 강박이 있는 부모는 아이가 몸을 쓰는 일이 두렵습니다. 세상은 위험한 것으로 가득하기 때문에 차라리 아이가 가만히 앉아서 TV나 휴대폰을 보고 있는 것이 마음이 놓입니다. 아이가 집을 돌아다니면서 이 물건 저 물건을 만지는 모습을 보고 있자면 도무지 불안해서 마음이 놓이지 않습니다. 그래서 "그만해. 앉아", "아무것도 하지 마. 넌 그냥 가만히 있는 게 도와주는 거야" 같은 말을 하지요.

호기심 가득한 아이가 무엇이든 탐색하려고 하는 것은 지극히 건강한 행위입니다. 하지만 그것을 보는 부모는 마음이 불편합니다. 어지럽혀진 물건을 보고 제자리에 둘 생각에 화가 치밀어 오르기도 합니다. 외출을 할 때도 "계단 쪽으로 가면 안 돼", "옷이 더러워지잖아"라는 말을 하며 아이를 통제하지요.

'아무것도 해서는 안 된다' 금지 명령을 받고 자란 아이는 성인이 되어서도 이와 유사한 상황에서 불안과 두려움을 느끼게 됩니다. 특히 새로운 일에 도전하고 진취적으로 아이디어를 내야 하는 일 앞에서는 자신도 모르게 마음이 매우 불편해지지요.

'그래. 내가 하긴 뭘 하겠어. 그냥 가만히 있는 게 도와주는 거지.'

나도 모르는 사이에 내 안에서는 '가만히 있어라', '아무것도 하지 마라' 금지 명령이 작동합니다. 새로운 변화가 필요한 순간마저도 아무것도 하지 못하는 자신을 보며 자책감을 느끼고 스스로가 싫어지지만 결코 이것을 바꿀 어떤 행동도 취하지 않은 채 그대로 머물러 있는 것이 특징입니다.

감정이 다쳤다는
신호를 알아차려라

신체 반응

《임상 교류 분석(TA) 프로그램》에 따르면 대체로 '해라' 식의 부모 명령은 3세에서 12세 사이에 언어를 통해 우리에게 주어지고, '하지 마라' 식의 금지 명령은 언어가 발달하기 전인 영유아기부터 6세에서 8세가 될 때까지 비언어를 통해 주어진다고 합니다. '해라' 식의 부모 명령은 언어로 주어지기 때문에 비교적 알아차리기가 쉽습니다. 마음속으로 내가 왜 이렇게 행동하는지, 누가 이런 목소리를 들려주었는지 생각해 보면 어렵지 않게 그 출처를 가늠해 볼 수 있습니다. 게다가 행동적인 특징도 비교적 명확하게 겉으로 드러나지요.

하지만 금지 명령은 비언어를 통해서 우리 마음에 저장된 메시지이기 때문에 아무리 오래 생각해 봐도 출처를 떠올리기가 쉽지 않습니다. 그래서 이유를 알 수 없는 신체적인 긴장감이나 불편감을 느끼기가 쉽지요.

스트레스만 받으면 몸이 싸늘해지는 이유

스트레스만 받으면 몸이 차가워지는 남자가 있습니다. 그는 몸이 차가워질 때마다 '무리를 해서 감기가 오려나 보다' 생각하며 약을 먹었습니다. 그런데 가만히 살펴보니 자신이 하고자 하는 일이 좌절될 때마다 몸이 으슬으슬해진다는 것을 발견했습니다. 예를 들어 좋아하는 사람에게 거절당할 것 같은 느낌이 들 때, 자신이 제시한 아이디어가 사람들에게 별 반응을 얻지 못할 때마다 얼굴이 차가워지거나 오싹해지는 느낌이 들기도 하고 심장이 마구 뛰기도 했습니다. 그러다 자괴감이 들면서 부정적인 생각도 떠올랐습니다.

'더 잘하지 그랬어? 내가 일을 이렇게 만들어 버려서 사람들이 다 떠나가잖아.'

훗날 이 남자의 어린 시절의 이야기를 들어 보니 그 원인을 알 수 있었습니다. 어머니가 그를 출산하고 갑자기 건강이 나빠져서 한동안 누워만 있었다고 합니다. 어머니의 간호는 외할머니가 도와주셨고요. 그때 할머니는 아이였던 그가 행여나 아픈 엄마에게 안아 달라고 보챌까 봐 걱정을 했다고 합니다. 그래서 그가 엄마 근처에만 가도 얼른 그를 안고서 밖으로 나가 버렸던 것입니다.

누구도 아이에게 '가까이 와서는 안 된다'고 말하지 않았습니다. 하지만 엄마에게 안기고 싶은 아이의 욕구, 할머니의 팔에 들려 밖으로 나갈 때 느낀 좌절감, 엄마를 향한 미안함, 그 순간 이마에서 느껴지는 차가운 바람, 심장 박동, 눈물 같은 것들이 아이에게 선명하게 남아 '가까이 오지 마라' 금지 명령이 된 것입니다.

스트레스를 받으면 머리가 아파질 때가 있나요? 장염도 아닌데 갑자기 배가 아프거나 위가 쪼일 듯 아파 올 때, 손발이 차가워지고 앞머리가 젖을 만큼 땀이 날 때가 있나요? 순간적으로 현기증을 느끼는 경우도 있고 나도 모르게 손톱과 손가락 주변의 살갗을 물어뜯을 때도 있습니다. 머리로는 별로 스트레스 받는 상황이 아닌 것 같다고 생각하지만 이처럼 신체적인 반응이 먼저 나타날 때가 많습니다.

또한 마음속에서 특정한 감정이 올라올 때도 있습니다. 좌절감, 후회스러움, 부끄러움, 불안함, 초조함, 외로움, 고립감, 헛헛함, 실망스러움, 두려움, 위축감, 무력감, 상실감, 슬픔, 분노, 격분, 미움, 우울, 두려움, 절망스러움, 무덤덤함 등의 감정이 느껴지지요.

부모와 아이가 아이 자아 상태에서 주고받은 금지 명령 메시지는 우리의 마음속 깊은 곳에 꽁꽁 감춰져 있습니다. 그래서 말로는 잘 설명하기가 어렵습니다. 그렇기 때문에 사고의 흐름뿐만 아니라 내 삶에서 빈번히 나타나는 신체적, 정서적 반응을 살펴야 합니다. 짧은 반응일지라도 그냥 지나쳐서는 안 됩니다. 각각의 반응에 이름을 붙이세요. 그렇지 않으면 부정적인 사고에 반복적으로 휘말리게 될 것입니다.

아무것도 하지 않는 상태에 주의를 기울여라

많은 사람이 모호한 신체적, 정서적인 느낌을 선호하지 않습니다. 불안하기 때문이죠. 그래서 상비약을 입에 털어 넣거나 새어나오는 감정을 틀어막는 일에 익숙합니다. 만약 내

몸의 반응이나 감정에 귀를 기울이기가 힘들다면 '아무것도 하지 않음'에 주의를 기울일 필요가 있습니다.

특히 '강해져라', '느끼지 마라' 명령을 따르는 사람은 자신의 상태가 어떤지 통 알아차리지 못하는 경우가 있습니다. 혹은 알고 있더라도 별다른 제스처를 취하지 않는 것이 특징이지요. '아무 생각 하지 마라', '아무것도 하지 마라' 메시지를 따르는 사람도 마찬가지입니다. 몸의 반응이나 감정 상태, 자신의 사고 흐름을 인지하지 못하고 머리가 멍해지거나 잘 모르겠다는 반응을 보입니다.

예컨대 임신을 해서 날이 갈수록 몸이 무거워지는 상황임에도 결코 힘들다고 말하지 못하고 고강도의 업무를 계속 하는 사람이 있습니다. 다른 사람에게는 "당연히 쉬어야지"라고 말하지만 정작 자신은 어김없이 출근을 합니다. 자신의 건강을 돌보지 않으면서 일을 하고 집에 돌아와서는 남편에게도 말하지 못하고 혼자서 끙끙 힘들어했지요. 내면에는 이런 생각이 지배적이었습니다.

'나 때문에 다른 사람이 피해를 볼 수는 없어.'
'주어진 업무를 처리하지 못하면 내 자리는 결코 남아 있지 않을 거야.'

'어떤 경우에도 일에 지장을 주는 건 안 돼.'

'남들도 다 이렇게 일해. 유별나게 나만 힘든 티를 낼 필요는 없다고.'

이러한 비판적 부모 메시지로 혼자서 시름에 잠기느니 차라리 출근해서 일을 하는 것이 몸은 힘들지만 마음은 편합니다. 그래서 일을 강행합니다. '하던 대로 하지 않으면 일자리를 잃을 거야', '권리를 주장해서는 안 돼. 아무 생각 하지 말고 가만히 있어', '아무것도 느끼지 말고 하던 대로만 해'라는 금지 명령을 따르면서 말입니다.

이처럼 자신에게 당면한 과제에 아무 조처를 취하지 않는 사람들은 문제를 해결하기 위해서 에너지를 사용하지 않습니다. 현실을 직시하는 일만으로도 부담스럽고, 당장 나의 상태를 바꿀 만한 힘과 시간도 없다고 생각하기 때문입니다. 결국 불편함을 느껴도 늘 하던 대로 행동하면서 시간을 보내게 됩니다. 하지만 이 불편함은 몸, 감정, 지친 내면의 어린아이가 보내는 구조의 신호일 수 있습니다. 그러니 부디 반복되는 시그널을 그냥 지나치지 마세요.

어둠 속에 숨은
감정의 열쇠 찾기

어느 늦은 밤, 한 취객이 집으로 가던 길에 열쇠를 잃어버렸습니다. 허리를 구부려 열쇠를 찾던 중에 지나가던 사람이 이 모습을 보고 도와주려고 다가왔습니다. 그렇게 둘은 한참 동안 열쇠를 찾는 일에 몰두했지요. 하지만 좀처럼 열쇠는 찾을 수 없습니다.

행인: 여기서 잃어버린 게 맞습니까?

취객: 아니오. 저기 저쪽 어두운 곳에서 열쇠를 잃어버렸습니다.

이 말을 들은 행인은 화가 머리끝까지 났습니다.

행인: 그럼 왜 저기서 찾지 않고 여기 가로등 아래서
             열쇠를 찾고 있는 거요?

취객: 여기가 더 환하니까요.

취객의 말인즉, 열쇠를 찾기 위해서는 어둠 속으로 가야만 하는데 그곳은 캄캄하고 어두우니 가로등이 있는 곳에서 열쇠를 찾겠다는 것입니다.

저는 여기에서 말하는 어둠이 내면 깊숙이 자리 잡은 불확실하고 모호한 감정과도 같다고 생각했습니다. 한 번도 마주한 적 없고, 마주하면 자신이 너무도 초라해질 것만 같아서 차마 들여다볼 수 없는 두려운 감정 말입니다.

하지만 우리는 이미 알고 있습니다. 우리 주위를 둘러싼 익숙한 문제들은 늘 동일한 패턴으로 다가오고 스트레스 상황이라면 더욱 자주 튀어나온다는 것을요.

아틀라스의 짐에서 이제는 자유로워지세요

아틀라스는 그리스 로마 신화에 나오는 거인족 티탄의 일원으로, 대지의 여신 가이아와 하늘의 신 우라노스 사이에서

태어난 거대하고 강력한 존재입니다. 하지만 제우스가 티탄과 싸움을 벌여 올림포스의 왕으로 등극하고, 이때 노여움을 산 아틀라스는 죽을 때까지 지구를 등에 얹고 살아야 하는 저주를 받고 맙니다. 슬프게도 티탄은 불사의 존재이기 때문에 이 형벌은 영원히 무거운 짐을 내려놓을 수 없다는 뜻이기도 합니다.

실제로 아틀라스는 그리스어로 '참고 견딘다'는 뜻입니다. 그러므로 아틀라스는 하늘을 떠받칠 만큼 엄청나게 고통스러운 일을 영원히 견뎌야 하는 존재를 의미하기도 하지요. 아틀라스와 같은 사람들은 이런 생각을 가지고 있습니다.

'내가 십자가를 져야지.'
'세상의 짐을 견뎌 내야지.'
'나의 고통을 즐기는 거야.'

참고 견디느라 힘이 드나요? 이제 우리는 아틀라스의 짐에서 벗어나 자유로워실 것입니다. 마음 깊은 곳에 숨은 감정의 열쇠를 찾으세요. 그러면 '어쩔 수 없다', '나는 하는 수 없이 이 금지 명령을 따를 수밖에 없다'는 목소리에 정면으로 도전하고 반박할 수 있게 될 것이고, 축축하고도 암울한 스토

퍼의 상태에서 벗어나 당당하고 긍정적인 삶으로 나아갈 수
있을 것입니다.

부정의 감정에서
긍정의 감정으로
나아가려면

자책감 없는 인생 살기

Transactional Analysis

부정적인 감정으로부터
나를 지키는 법

몰아내기

우리는 앞서 우리가 뭔가를 하도록 압박하는 드라이버 메시지와 우리가 아무것도 하지 못하도록 방해하는 금지 명령의 메시지를 알아보았습니다. 그런데 문득 내 안에서 이런 목소리가 들릴지도 모르겠습니다.

'나를 압박하는 게 뭐 어때서? 그래야 발전도 하게 되는 거 아니야?'
'나를 몰아가지 않았다면 내가 여기까지 올 수 있었을까?'

저도 같은 생각이었습니다. 자기 할 일만 잘하고 성과만 내면 스스로를 평가해도 괜찮은 것이 아닌가 하고 말이지요. 하지만 그럴수록 점점 '이것을 더 해라', '저것은 왜 못 하느냐'는 목소리가 저를 더 엄격하게 몰아갔습니다. 때로는 자기 자신에게 부정적인 낙인을 찍기도 하고 최악의 결과를 상상하며 스스로를 무척이나 괴롭혔던 기억이 납니다.

비판적 부모 메시지를 끊임없이 듣는다는 것은 비난과 욕설이 흘러나오는 이어폰을 하루 종일 귀에 꽂고 있는 것과 같습니다. 꿈이나 목표는 어느 한순간에 갑자기 이루어지는 것이 아니라 작은 성공 경험들이 모여서 마침내 그것을 이룰 수 있다는 말이 있습니다. 말도 마찬가지입니다. 0.1초 사이에 스치듯 지나가는 말들이라도 자기를 평가하고 비하하는 말을 자주 듣다 보면 이것들이 마음에 쌓이고 큰 실패와 불행이 되어 돌아올지도 모릅니다.

클라우드 스타이너의 《마음을 여는 열쇠》에서는 호기 위코프의 말을 빌려 이렇게 제시합니다. '비판적 부모 메시지는 사람들의 인생에 완전히 부정적인 영향을 미치기 때문에 만약 개인이 힘을 가지려면 그것을 분리시키고 무력화시킬 필요가 있다'고 말이죠. 우리는 내 안에서 비판적 부모 메시지가 들릴 때 정면으로 도전하고 반박해서 이것을 완전히 몰아낼 필요가 있습니다. 그러려면 우리에게는 이에 맞설 수 있는 힘이 필요합니다.

부정적인 목소리와
맞서 싸우는 기술, '몰아내기'

교류분석에서는 자꾸만 자신을 힘들게 하고 부정적인 감정에 빠뜨리는 부모 자아 메시지에 반박하는 작업이 있습니다. 이를 'CP(critical parents) 몰아내기'라고 합니다. 이 작업은 전문적인 훈련을 받은 상담사에게 도움을 받아 진행합니다. 만약 워크북을 통해 혼자서 진행할 때는 반드시 유념해야 할 사항이 있습니다. 그것은 바로 내가 전적으로 나의 편이 되어야 한다는 것입니다.

내가 전적으로 나의 편이 된다는 것은 설령 잘못한 일이 있어도 눈을 감고 방치하거나 무책임하게 행동해도 된다는 뜻이 아닙니다. 괜찮다는 말로 내 삶에 성의를 보이지 않는 스스로를 봐주라는 뜻도 아닙니다. 그것은 양육이 아니라 방임이겠지요. 아이를 키울 땐 너무 엄격해서도 너무 방임해서도 안 된다는 것을 우리는 알고 있습니다. 그러니 성인이 된 나 자신을 대할 때도 마찬가지입니다. 우리는 이제부터 스스로의 부모가 되어서 전적으로 자신의 의견을 지지하고 사랑하고 돌볼 것입니다. 그 과정에서 내 안의 어른 자아를 활용하여 자신을 향한 믿음을 계획하고 행동할 것입니다. 비판적 부모 메시지에 억눌린 아이 자아를 일깨워서 충분히 쉬게 해주고 오롯이 나만의 시간을 보내는 방법을 알아볼 것입니다.

몰아내기 작업은 다음과 같이 진행됩니다.

1단계. 비판적 부모 메시지 알아차리기

(1) 비판적 부모 메시지 탐색하기

- 비판적 부모 자아는 어떤 자기 비난적 메시지를 주고 있습니까?
- 펜을 꺼내서 떠오르는 대로 종이에 적어 봅니다.

(2) 비판적 부모 메시지 알아차리기

- 무엇을 '해야 한다'고 말하나요?
- 무엇을 '하면 안 된다'고 말하나요?
- 그 메시지는 비난의 목소리인가요? 사랑과 돌봄의 목소리인가요?
- 만약 비판적 부모 메시지가 시키는 대로 하지 않으면 어떻게 될 것이라고 말하나요?

2단계. 반박하기와 허가하기

• '만약 ~하지 않으면 실패할 거야'라는 말을 '그렇게 하지 않
  아도 괜찮아'라는 반박의 말 또는 '그렇게 해도 좋아'라는 허
  가의 말로 바꿔 봅니다.

3단계. 행동 전략 세우기

• 문제 해결을 위한 실천 계획을 세우고 행동으로 옮깁니다.

• '어른 자아'의 현실 감각을 되살리고 균형 잡힌 관점을 발달
  시키기 위해서 가능한 한 구체적이고 작은 단위의 행동 계
  획을 세웁니다.

• '순응하는 아이 자아'를 해방시키고 '자유로운 아이 자아'를
  풀어 주기 위해서 나를 위한 말하기를 하고 나를 위한 시간
  을 갖습니다.

누군가의 부탁을
거절하지 못하는 사람들에게

책임감 몰아내기

1단계. 비판적 부모 메시지 알아차리기

아, 바쁜데 또 일을 맡아 버렸어. 바보같이 왜 이럴까. 대책이 없다. 시간도 없으면서 이 모임 저 모임에서 조장, 팀장을 맡아 버리다니 대체 어떻게 하려고? 학교 모임도 챙겨야 하고 프로젝트도 조율해야 하는데 교수님 의전까지 맡으면 시간이 너무 없잖아. 또 거기에다가 동호회 모임에서 직책도 맡으셨어? 이 바보야, 언제 쉬려고?

그런데 생각해 보면 이거 내가 안 하면 누가 하겠어? 아무도 하지 않는 걸 나라도 하면 사람들이 얼마나 고마워하겠냐? 이런 일들을 맡아 봐야 나도 성장하지. 이런 경험들이 쌓여서 성장의 밑거름이 되는 거 아니겠어? 잠 좀 안 자면 되지. 이번 학기 끝나고 이번 프로젝트만 끝나면 쉴 수 있어. 그때까지 참자.

- 비판적 부모 메시지가 무엇을 해야 한다고 말하나요?

  "이런 경험이 모여서 성장의 밑거름이 될 테니 참아야 해. 성장하려면 하기 싫은 일도 해야 할 필요가 있어. 사람들이 어려워하는 일이 있다면 희생을 해서라도 내가 해야 해."

- 비판적 부모 메시지가 무엇을 하면 안 된다고 말하나요?

  "누군가가 나에게 부탁을 한다는 것은 감사한 일이야. 거절하면 안 돼. 무례하게 굴어서는 안 돼. 쉬어서는 안 돼. 이 일이 끝나고 쉬어. 누구나 다 그렇게 살아. 그냥 아무 생각 하지 말고 해. 그게 예의야."

- 그 메시시는 미닌의 목소리인가요? 사랑과 돌봄의 목소리인가요?

  비난의 목소리다. 성장과 예의를 앞세워 그렇게 하도록 몰아가고 착취하는 것은 모두 비판적 부모 메시지다.

- 만약 비판적 부모 메시지가 시키는 대로 하지 않으면 어떻게 될 것이라고 말하나요?

"그들의 부탁을 거절한다면 사람들이 나를 인정해 주지 않을 거야. 만약 역할을 도맡지 않는다면 나의 성장은 더디게 진행될 거야. 만약 이렇게 하지 않는다면 예의 없고 버릇없는 사람으로 보일 거야."

2단계. 반박하기와 허가하기

- '만약 ~하지 않으면 실패할 거야'라는 말을 '그렇게 하지 않아도 괜찮아'라는 반박의 말 또는 '그렇게 해도 좋아'라는 허가의 말로 바꿔 봅니다.

"그들의 부탁을 거절한다면 사람들이 나를 인정해 주지 않을 거야."

→ "내가 누군가의 부탁을 거절하더라도 나는 사람들과 친밀한 관계를 맺을 수 있어."

→ "이것 때문에 사람들이 나를 안 좋게 보더라도 나는 내 시간과 내 행복을 챙길 거야."

"만약 역할을 도맡지 않는다면 나의 성장은 더디게 진행될 거야."

→ "내가 어떤 역할을 맡지 않아도 나는 다른 방식으로 성장할 수 있어."

→ "어떤 역할, 위치에 있든 상관없이 나는 내가 꾸준히 성장한다고 믿어."

"만약 이렇게 하지 않는다면 예의 없고 버릇없는 사람으로 보일 거야."

→ "내가 그렇게 하지 않는다고 나를 예의 없는 사람으로 볼 사람은 아무도 없어."

→ "반드시 그렇게 하지 않더라도 나는 언제나 사람들에게 존중받을 수 있어."

→ "반드시 어떤 역할을 맡아야 되는 것은 아니야."

3단계. 행동 전략 세우기

- '어른 자아'의 현실 감각을 되살리고 균형 잡힌 관점을 발달시키기 위해서 가능한 한 구체적이고 작은 단위의 행동 계획을 세웁니다.

  1. 이번 학기 동안 추가적으로 주어지는 역할은 맡지 않는다.

  2. "제가 할게요"라는 말은 하지 않는다.

3. 가능하다면 다른 사람에게 역할을 위임한다.

4. '그냥 내가 하면 되지 뭐'라는 생각에서 벗어나 사람들과 소통한다.

- '순응하는 아이 자아'를 해방시키고 '자유로운 아이 자아'를 풀어 주기 위해서 나를 위한 말하기를 하고 나를 위한 시간을 갖습니다.

1. 스스로에게 "사람들을 챙기려는 내 모습이 진짜 멋지다"라고 말한다.

2. 스스로에게 "팀을 위해 힘쓰고 희생하느라 수고 많았어"라고 말한다.

3. 스스로에게 "주어진 시간에 최선을 다하느라 애썼어"라고 말한다.

4. 나의 건강을 위해 이틀에 한 번 8,000보를 걷는다.

5. 평소 바빠서 만나지 못했던 사람들과 밥을 먹는다.

6. 가족과 근교로 나가서 시간을 보낸다.

도전을 망설이는
사람들에게
체념 몰아내기

1단계. 비판적 부모 메시지 알아차리기

도대체 회사는 언제 옮겨? 이러다가 여기에서 영원히 썩겠다. 뼈를 묻으시려고? 어떻게 하려고 그래? 평생 그렇게 살아라. 팀장은 짜증 나게 하고 일은 더 이상 배울 게 없는데 계속 여기에 있을 거야? 게을러 가지고는.

근데 이 회사를 그만두면 갈 곳이 있기라도 해? 영어 점수가 높은 것도 아니고 이곳 말고는 경력도 없잖아. 능력이 안 되는데 받아 주는 곳이 있을까? 옮겨 봐야 고생만 할 텐데 그냥 가만히 일하다가 결혼이나 해. 그게 맞는 인생이야.

- 비판적 부모 메시지가 무엇을 해야 한다고 말하나요?

  "이직을 해야 하지만 그럴 능력이 없으니 가만히 있다가 결혼이나 해."

- 비판적 부모 메시지가 무엇을 하면 안 된다고 말하나요?

  "능력이 없으니 회사를 옮겨서는 안 돼. 준비가 되기 전까지는 아무것도 하지 마. 그것 외에는 아무 생각도 하지 마."

- 그 메시지는 비난의 목소리인가요? 사랑과 돌봄의 목소리인가요?

  비난의 목소리다. 무조건적인 부정과 멸시는 모두 비판적 부모 메시지다.

- 만약 비판적 부모 메시지가 시키는 대로 하지 않으면 어떻게 될 것이라고 말하나요?

  "만약 이 회사를 그만둔다면 나는 더 이상 갈 곳이 없을 거야. 만약 이직 준비를 하더라도 능력이 없으니 나를 받아 주는 곳은 어디에도 없겠지. 이직을 해도 고생만 실컷 하다가 결혼은커녕 어디에도 정착하기 힘들 거야."

2단계. 반박하기와 허가하기

- '만약 ~하지 않으면 실패할 거야'라는 말을 '그렇게 하지 않아도 괜찮아'라는 반박의 말 또는 '그렇게 해도 좋아'라는 허가의 말로 바꿔 봅니다.

"만약 이 회사를 그만둔다면 나는 더 이상 갈 곳이 없을 거야."

→ "이 회사를 그만둔다고 하더라도 나는 얼마든지 다른 회사로 갈 수 있어."

"만약 이직 준비를 하더라도 능력이 없으니 나를 받아주는 곳은 어디에도 없겠지."

→ "지금부터라도 이직 준비를 꼼꼼히 하면 돼. 노력하면 얼마든지 할 수 있어."

→ "동종 업계를 탐색한 후에 차근차근 준비하자. 내가 갈 곳은 분명 있을 거야."

"이직을 해도 고생만 실컷 하다가 결혼은커녕 어디에도 정착하기 힘들 거야."

→ "누구나 적응 기간은 필요해. 다소 시간이 걸리더라도 얼마든지 안정적으로 정착할 수 있어. 나에게는

그럴 힘이 있으니까."

"이직을 하지 않는 내가 한심해."

→ "자책하지 않아도 돼. 지금부터 하나둘씩 준비하면 얼마든지 가능해. 당장 할 수 있는 일부터 찾아보자. 지금 다니는 회사에서 더 배울 것이 있다면 더 배워도 좋아. 이제부터 생각하고 실행해도 늦지 않았어."

3단계. 행동 전략 세우기

• '어른 자아'의 현실 감각을 되살리고 균형 잡힌 관점을 발달시키기 위해서 가능한 한 구체적이고 작은 단위의 행동 계획을 세웁니다.

  1. 이직을 하기 전에 준비해야 할 사항을 정리해서 체크리스트를 만든다.

  2. 당장 할 수 있는 일과 시간을 두고 준비해야 할 일을 구분해 본다.

  3. 실행력을 높이기 위해 단기, 중기, 장기적인 계획을 세워 행동에 옮긴다.

• '순응하는 아이 자아'를 해방시키고 '자유로운 아이 자아'

를 풀어 주기 위해서 나를 위한 말하기를 하고 나를 위한 시간을 갖습니다.

1. 스스로에게 "조급해하지 않고 차근차근 준비해 나가는 모습이 기특하다"라고 말한다.
2. 스스로에게 "어제보다 나은 삶을 살기 위해 고민하는 모습이 정말 대단하다"라고 말한다.
3. 스스로에게 "일하면서 이직을 준비하기가 쉽지 않은데 그것을 실행하다니 칭찬해"라고 말한다.
4. 불안할 땐 가장 긍정적인 친구와 만나서 수다를 떤다.
5. 매주 토요일 아침에는 축구, 헬스, 조깅, 독서 등을 하며 나를 위한 시간을 보낸다.
6. 매주 일요일 점심에는 음악을 들으며 어지러운 방을 청소한다.

자신을 채찍질하는
사람들에게
자기 원망 몰아내기

1단계. 비판적 부모 메시지 알아차리기

어릴 적에 공부하라고 할 때는 그렇게 안 하더니 이제 와서 자기 계발을 한다고? 혼자서 자꾸 튀는 행동 하지 말고 남들이랑 비슷하게 살자. 지난번에 등록했던 수업도 아직 다 못 들었지? 다른 사람들은 한 우물을 깊게 파던데 나는 하나를 제대로 하는 게 없어.

아니지. 물론 배우는 데 돈을 많이 쓰지만 다 필요한 거잖아. 지난번에 등록한 수업을 다 끝내지 못한 건 맞아. 그러니까 이번 수업은 꼭 들어야 돼. 아직은 준비 단계라서 결실을 못 맺어서 그렇지 열심히 배우다 보면 성공하는 날이 올 거야. 술 먹고 옷 사 입겠다는 것도 아닌데 이 돈도 못 써?

- 비판적 부모 메시지가 무엇을 해야 한다고 말하나요?
  "많은 시간과 비용을 쓰는 한이 있어도 끊임없이 배워야 해. 배워 두면 쓸데가 있을 테니 부지런히 지식을 쌓아야 해. 그래야 성공할 수 있어."

- 비판적 부모 메시지가 무엇을 하면 안 된다고 말하나요?
  "수업료를 내는 데 망설이지 마. 배우는 일에만 집중해. 지금은 즐길 시간이 없어. 계속 배우지 않으면 안 돼."

- 그 메시지는 비난의 목소리인가요? 사랑과 돌봄의 목소리인가요?
  비난의 목소리다. 배운 내용을 복습하고 체득할 시간적 여유도 없이 계속해서 다른 무언가를 실행하도록 몰아가는 것은 비판적 부모 메시지다.

- 만약 비판적 부모 메시지가 시키는 대로 하지 않으면 어떻게 될 것이라고 말하나요?
  "만약 계속 공부하지 않으면 내가 소속된 곳에서 도태되고 말 거야. 만약 자기 계발을 게을리 한다면 사람들이 나를 우습게 보겠지. 만약 새로운 지식이나 아이디어를 얻지 못한다면 나는 죽은 것이나 다름없어."

2단계. 반박하기와 허가하기

• '만약 ~하지 않으면 실패할 거야'라는 말을 '그렇게 하지 않아도 괜찮아'라는 반박의 말 또는 '그렇게 해도 좋아'라는 허가의 말로 바꿔 봅니다.

"만약 계속 공부하지 않으면 내가 소속된 곳에서 도태되고 말 거야."

→ "무언가를 쉬지 않고 배우지 않아도 얼마든지 인정받을 수 있어."

"만약 자기 계발을 게을리 한다면 사람들이 나를 우습게 보겠지."

→ "자기 계발을 게을리 하더라도 우습게 볼 사람은 아무도 없어. 나는 어디서나 사랑받을 수 있는 존재야."

→ "새로운 것을 배운다고 꼭 부지런한 것은 아니야. 내 것으로 소화할 시간도 필요해."

"만약 새로운 지식이나 아이디어를 얻지 못한다면 죽은 것이나 다름없어."

→ "새로운 지식이나 아이디어를 얻지 못한다 하더라도 내 인생은 충분히 가치 있어."

"제대로 할 줄 아는 게 없어서 걱정이야."

→ "스스로를 믿어. 많은 것을 배우지 않아도 돼. 아무것도 하지 않아도 괜찮아. 계속해서 새로운 것을 배우는 것보다 중요한 것은 내 것으로 만드는 거야. 지금부터는 배우는 일을 잠시 멈추고 가진 지식을 숙성시키는 데 시간을 쓸 거야. 그렇게 해도 괜찮아."

3단계. 행동 전략 세우기

• '어른 자아'의 현실 감각을 되살리고 균형 잡힌 관점을 발달시키기 위해서 가능한 한 구체적이고 작은 단위의 행동 계획을 세웁니다.

1. 지금까지 수료했던 수업을 한눈에 정리해 본다.
2. 커리어 패스, 목표, 꿈을 위해 어디에 더 집중해야 하는지 짚어 본다.
3. 깊이 있게 들여다봐야 할 자료가 있다면 찾아보고 질

적인 지식을 업데이트한다.

4. 새롭지 않은 것들에 대한 지루함을 견딘다.

- '순응하는 아이 자아'를 해방시키고 '자유로운 아이 자아'
  를 풀어 주기 위해서 나를 위한 말하기를 하고 나를 위
  한 시간을 갖습니다.

1. 스스로에게 "새롭고 다양한 수업을 발견해 내는 것은
   나의 훌륭한 능력이야"라고 말한다.

2. 스스로에게 "항상 더 나은 방향으로 가기 위해 부단히
   노력하느라 정말 애썼어"라고 말한다.

3. 스스로에게 "고민하는 모습이 정말 대단해. 수고 많았
   어"라고 말한다.

4. 한동안 새로운 수업을 듣지 않도록 다짐했으니 여가
   시간은 다채롭게 보낸다.

5. 자기 계발을 하느라 미뤘던 활동을 하고 여행을 간다.

6. 한식, 중식, 일식, 양식 등 맛집 리스트를 만들고 도장
   깨기를 한다.

스트레스를 건강하게
풀지 못하는 사람들에게

자기파괴 몰아내기

1단계. 비판적 부모 메시지 알아차리기

지금 음식이 입으로 들어가? 배달 음식이 얼마나 살찌는지 알지? 너 이제 비만이야. 게다가 또 술이라니. 그 많은 술이 다 들어가는 게 신기하다. 살이 쪄서 입던 옷도 안 들어가겠다. 너 어쩌려고 그래? 최악이다, 정말.

그치만 어쩔 수 없어. 이거라도 먹어야 숨통이 트이지. 하루 종일 육아하랴 일하랴 힘들었는데 먹는 재미도 없으면 어떻게 살라고. 하루에 한 끼 먹는데 술이랑 같이 맛있게 먹으면 좋잖아. 일하고 와서 언제 요리를 해? 오늘까지만 배달 음식을 먹자. 힘들었잖아. 이렇게 좋은 걸 왜 참아.

- 비판적 부모 메시지가 무엇을 해야 한다고 말하나요?

"힘든 하루를 보냈으니 배달 음식과 술을 먹어도 괜찮아. 이렇게라도 한 잔 마셔야 스트레스가 풀리니 어서 배달 주문을 서둘러. 아무 생각 하지 말고 먹고 싶은 것은 먹고 살자."

- 비판적 부모 메시지가 무엇을 하면 안 된다고 말하나요?

"일하고 와서 제대로 챙겨 먹지도 못하는데 시간이 될 때 먹어야지 참아서는 안 돼. 낮에는 육아와 일을 병행하느라 밥 차려 먹을 시간이 절대 없어."

- 그 메시지는 비난의 목소리인가요? 사랑과 돌봄의 목소리인가요?

비난의 목소리다. 밤에는 마음껏 먹어도 좋으나 낮에는 육아와 일 외에는 어떤 것도 할 수 없다는 말은 결국 건강하지 못하게 살도록 몰아가는 비판적 부모 메시지다.

- 만약 비판적 부모 메시지가 시키는 대로 하지 않으면 어떻게 될 것이라고 말하나요?

"만약 밤에라도 먹지 않으면 제정신으로 지낼 수 없을

거야. 만약 낮에 나를 위한 시간을 갖는다면 일도 육아도 못하게 될 거야. 만약 내가 건강을 챙기거나 식단을 조절하는 데 시간을 보낸다면 나는 불행할 거야."

2단계. 반박하기와 허가하기

- '만약 ~하지 않으면 실패할 거야'라는 말을 '그렇게 하지 않아도 괜찮아'라는 반박의 말 또는 '그렇게 해도 좋아'라는 허가의 말로 바꿔 봅니다.

"만약 밤에라도 먹지 않으면 제정신으로 지낼 수 없을 거야."

→ "밤에 먹지 않는다고 하더라도 온전한 정신으로 건강을 챙길 수 있어."

→ "반드시 밤에 무언가를 먹어야 스트레스가 풀리는 것은 아니야. 다른 방법도 있어."

"만약 낮에 나를 위한 시간을 갖는다면 일도 육아도 못하게 될 거야."

→ "나를 위하는 일은 거창한 것이 아니야. 틈틈이 식사를 챙기고 휴식을 취할 수 있어."

→ "육아와 일을 병행하느라 바쁘겠지만 일과 삶의 균형

을 맞추면 삶이 훨씬 건강해질 거야. 나에게는 얼마든지 바뀔 수 있는 힘이 있어."

"만약 내가 건강을 챙기거나 식단을 조절하는 데 시간을 보낸다면 나는 불행할 거야."

→ "균형 있는 식단을 차려 먹고 스트레칭을 하는 데에는 많은 시간이 필요하지 않아. 나중에는 그 노력들이 더 큰 자산으로 돌아올 거야."

"폭식을 하면 몸이 망가질 거고, 폭식을 하지 않으면 나는 불행하겠지."

→ "무엇보다 중요한 것은 나의 건강이야. 밤에 먹고 마시면서 스트레스를 푸는 방식이 아니어도 괜찮아. 자신을 위한 시간을 내도 괜찮아. 무언가를 할 때만 인정받는다는 생각에서 이제는 벗어나도 돼. 나는 존재만으로도 가치 있는 사람이야."

3단계. 행동 전략 세우기

• '어른 자아'의 현실 감각을 되살리고 균형 잡힌 관점을 발달시키기 위해서 가능한 한 구체적이고 작은 단위의 행

동 계획을 세웁니다.

1. 아이들이 아침을 먹을 때 나도 옆에서 함께 먹는다.
2. 아이들 등원 후에 집을 간단히 정리하고 일하러 가기 전에 점심을 먹고 출발한다.
3. 저녁 9시 이후에는 야식을 먹지 않는다.
4. 잘 지키면 보상으로 2주에 한 번 치팅 데이를 갖는다.

• '순응하는 아이 자아'를 해방시키고 '자유로운 아이 자아'를 풀어 주기 위해서 나를 위한 말하기를 하고 나를 위한 시간을 갖습니다.

1. 스스로에게 "가족을 위해서 열심히 살아가는 모습이 존경스러워"라고 말한다.
2. 스스로에게 "아이들 돌보느라 정말 수고가 많고 대단해"라고 말한다.
3. 스스로에게 "주어진 시간에 최선을 다하느라 정말 애썼어"라고 말한다.
4. 주말에는 남편에게 1시간이라도 아이들을 맡기고 조깅하러 나간다.
5. 평일에 간단히 먹을 음식을 미리 장을 보고 준비한다.
6. 급한 마음은 접어 두고 여유로운 시간을 즐긴다.

휴식이 어려운
사람들에게

죄책감 몰아내기

1단계. 비판적 부모 메시지 알아차리기

출산 휴가를 쓰겠다고 회사에 가서 말해. 누굴 닮아서 그렇게 어리석니? 네 몸도 몸이지만 배 안에 있는 아기는 생각 안 해? 넌 항상 그렇게 무책임하더라. 그러다가 아기의 건강이 나빠지면 어쩌려고? 가족들 볼 낯도 없겠다. 넌 항상 이기적이야. 다른 사람 생각은 하지 않지.

하지만 출산 휴가를 쓰면 나 때문에 다른 사람이 피해를 보잖아. 그렇게 할 수는 없어. 이건 내 일이야. 주어진 업무에 최선을 다하지 못하면 결코 내 자리는 없을 거야. 어떠한 경우라도 일에 지장을 줄 수는 없어. 있어서는 안 되는 일이지. 막상 출산 휴가를 쓰면 집에서 아기만 보고 살 수 있어?
넌 일을 해야 안심이 되는 사람이잖아.

- 비판적 부모 메시지가 무엇을 해야 한다고 말하나요?
  "출산 휴가를 써야 하지만 내가 출산 휴가를 쓰면 다른
  사람이 힘들어질 테니 최대한 일을 해야 해. 출산 휴가
  를 쓰면 내 자리가 없어질 수도 있어. 복귀하지 못하는
  상황은 최악이야. 그러니까 잠자코 일해."

- 비판적 부모 메시지가 무엇을 하면 안 된다고 말하나요?
  "나 때문에 사람들이 피해를 봐선 안 돼. 지금 나의 상황
  은 중요하지 않아. 그것보다 중요한 것은 일이니까 휴가
  를 써서는 안 돼. 자신의 편의를 생각하며 살아갈 수는
  없어. 하고 싶은 대로 해서는 안 돼."

- 그 메시지는 비난의 목소리인가요? 사랑과 돌봄의 목소
  리인가요?
  비난의 목소리다. 나와 배 안에 있는 아기의 건강은 생
  각하지 않은 채 계속해서 일을 하라고 몰아가는 것은 비
  판적 부모 메시지다.

- 만약 비판적 부모 메시지가 시키는 대로 하지 않으면 어떻게 될 것이라고 말하나요?

"만약 출산 휴가를 쓰면 사람들이 날 무책임한 사람으로 여길 거야. 만약 지금 여기서 일을 멈춘다면 나는 영원히 복귀하기 힘들 거야. 아기만 돌보며 집에 있는 내 모습을 도저히 볼 수 없을 것 같아."

2단계. 반박하기와 허가하기

- '만약 ~하지 않으면 실패할 거야'라는 말을 '그렇게 하지 않아도 괜찮아'라는 반박의 말 또는 '그렇게 해도 좋아'라는 허가의 말로 바꿔 봅니다.

"만약 출산 휴가를 쓰면 사람들이 날 무책임한 사람으로 여길 거야."

→ "출산 휴가를 쓴다고 내가 무책임한 사람은 아니야. 사람들이 그렇게 본다고 해도 나는 휴가를 쓸 권리가 있어. 무엇보다 나와 아기의 건강이 가장 중요해."

"만약 지금 여기서 일을 멈춘다면 나는 영원히 복귀하기 힘들 거야."

→ "지금은 잠시 휴식기를 갖는 것일 뿐이야. 아기를 잘

키우다가 때가 되면 얼마든지 복직할 수 있어. 그때
도 나는 잘 해낼 수 있지."

"아기만 돌보며 집에 있는 내 모습을 도저히 볼 수 없을
것 같아."

→ "예기치 못한 사정이 생겨서 복직하지 못해도 괜찮
아. 일하는 것보다 아이를 키우는 일에 더 매력을 느
낄 수도 있고, 어쩌면 다른 분야에서 나의 능력을 펼
칠 수 있는 기회를 얻을 수도 있을 테니까. 나는 얼마
든지 앞으로의 삶을 유연하게 계획해 나갈 수 있어.
일을 하지 않는 나의 모습도 충분히 자랑스러워."

"출산 휴가를 쓰면 안 돼."

→ "일하는 동안 최선을 다했으니 이제는 아기와 나를
위해서 얼마든지 시간을 쓸 수 있어. 그렇게 해도 괜
찮아. 무언가를 하지 않아도 괜찮아. 있는 그대로의
모습도 좋아. 어떤 행위를 하는 섯보다 더 중요한 것
은 존재하는 것이란다. 나는 존재만으로도 훌륭하고
충분히 인정받을 만하지. 이제는 나를 위해 시간을
써도 괜찮아."

3단계. 행동 전략 세우기

- '어른 자아'의 현실 감각을 되살리고 균형 잡힌 관점을 발달시키기 위해서 가능한 한 구체적이고 작은 단위의 행동 계획을 세웁니다.

  1. 휴직서를 쓰고 오전 중으로 담당자에게 말한다.

  2. 차마 입에서 말이 안 나온다면 미리 적어 보고 말하듯 읽어 보는 연습을 한다.

  3. 내가 없는 동안 일에 지장이 없도록 인수인계 내용을 정리한다.

  4. 출산 용품 리스트를 적어 보고 차근차근 새 식구를 맞이할 준비를 한다.

- '순응하는 아이 자아'를 해방시키고 '자유로운 아이 자아'를 풀어 주기 위해서 나를 위한 말하기를 하고 나를 위한 시간을 갖습니다.

  1. 스스로에게 "일하면서 배 안에 있는 아기까지 돌보느라 얼마나 고생했을까?"라고 말한다.

  2. 스스로에게 "수고 많았어. 책임감을 가지고 자신의 일에 매진하는 모습이 정말 멋져"라고 말한다.

  3. 스스로에게 "잘 견뎌 주어서 고마워"라고 말한다.

4. 그동안 만나지 못했던 친구들을 만나서 맛있는 음식을 먹는다.

5. 기분 전환을 위해 쇼핑, 독서, 산책 등을 하며 나를 위한 시간을 보낸다.

6. 남편과 함께 그동안 미룬 태교 여행을 떠난다.

날것의 감정과
마주하기

영화 〈데몰리션〉의 주인공 데이비스는 장인어른의 증권 회사에서 근무하며 여느 사람들처럼 평범한 하루하루를 살아갑니다. 그러던 어느 날 갑작스러운 교통사고로 눈앞에서 아내를 떠나 보내지요. 보통 아내가 죽었다고 하면 무척 고통스럽고 힘든 모습을 보일 것이라고 상상합니다. 하지만 데이비스가 보여 준 모습은 그렇지 않았습니다. 감정이 없는 건지, 슬픔을 느끼지 못하는 건지 싶을 만큼 아내가 죽은 후의 데이비스는 무척이나 무덤덤해 보입니다. 분명 아내를 사랑하지 않았던 것이 아닌데 눈물 한 방울도 흘리지 않는 모습이 의아하기까지 합니다.

그러던 어느 날 장인어른이 데이비스에게 이런 말을 건넵니다.

"사람의 마음을 고치는 것도 자동차 수리와 같아. 곰곰이 살펴보고 다시 끼워 맞추는 거지. 자네가 뭔가를 고치고 싶다면, 일단 모든 걸 분해해서 무엇이 중요한지 알아내야 해."

그 말을 들은 데이비스는 집으로 돌아와 집 안에 있는 모든 집기를 부숴 버립니다. 막무가내로 던지고 떨어뜨리고 깨 버리죠. 그렇게 망가진 물건의 조각들을 하나씩 모아서 자신 앞에 펼쳐 놓습니다. 그리고는 망가진 모든 것을 찬찬히 바라봅니다. 이 일이 있은 후 데이비스는 다른 사람들의 이목 따위는 의식하지 않은 채 자신의 감정을 있는 그대로 느끼고 마음이 가는 대로 꺼내 보기 시작합니다. 그리고 이 과정에서 데이비스는 자신이 아내를 얼마나 사랑했는지 깨닫게 됩니다.

완벽한 성공이 아니면 실패라는 사고에서 벗어나기

우리도 자꾸만 마음이 답답해지고 뭔가 어긋나는 듯한 느낌을 받지만 무엇이 문제인지 도무지 모를 때가 있습니다.

달라지려면 어디서부터 시작해야 할지 몰라 막막하고 스스로가 한심하고 미워지기까지 하지요.

이제 우리는 더 이상 자신에게 무감각하지 않을 거예요. 내 안의 작은 소리도 그냥 지나치지 않고 느껴 보고 꺼내 보고 찬찬히 들여다볼 테니까요.

"우리는 주변의 끝없는 풍경에서 모래 한 줌을 가져와 그것을 세계라고 부른다."

《선과 모터사이클 관리술》의 저자 로버트 메이너드 피어시그가 한 말입니다. 우리는 앞서 비판적 부모 메시지의 여러 종류를 알아보았습니다. 그리고 그것에 정면으로 도전하고 반박하며 몰아내는 작업을 통해 스스로에게 새로운 메시지를 불어넣는 연습을 했지요.

하지만 '그렇게 하지 않아도 괜찮아' 혹은 '그렇게 해도 원하는 결과를 얻을 수 있어'라는 허가와 반박의 메시지가 너무 낯설고 비현실적으로 느껴져서 사고가 왜곡되기도 합니다. 예를 들면 이런 의문이 생기는 것이죠.

'쉬어도 괜찮아.'

→ '그럼 일하지 말라는 거야?'

'천천히 가도 괜찮아.'
→ '그렇게 해서 언제 성공해?'

'나를 위한 시간을 보낼 수 있어.'
→ '일은? 돈은 누가 버는데?'

'나의 안위를 챙기는 게 우선이야.'
→ '다른 사람에게 피해 주는 이기적인 녀석.'

그러나 앞으로 우리는 과거에 머무르며 자신을 책망하거나 미래의 이상만을 좇아 현재의 자신을 억압하지 않을 것입니다. 해야 할 때와 하지 않아야 할 때, 나가야 할 때와 멈춰 서야 할 때, 서둘러야 할 때와 기다려야 할 때, 포용해야 할 때와 직시해야 할 때를 알고 계획하고 행동하되 한쪽으로 치우치지 않는 모습으로 살아갈 것입니다. 우리의 삶은 얼마든지 자신이 원하는 방향으로 변할 수 있다는 사실을 부디 잊지 마세요.

남에게 미움받을 수는 있어도
스스로를
미워하지는 않도록

한 TV 프로그램에서 '잠시라도 쉬지 않으면 불안해서 견딜수가 없다'는 고민을 가진 배우의 이야기가 소개되었습니다. 배우라는 직업은 촬영하는 작품이 있을 땐 일을 하지만 촬영이 없는 날에는 시간의 공백이 생기기 마련입니다. 그녀는 하루를 마무리할 때 오늘 내가 어제보다 무엇이 더 나아졌을지를 생각하며 눈을 감았다고 합니다. 무언가를 하지 않으면 불안함이 몰려들어 마음을 괴롭히는 탓에 24시간 동안 쉬지 않으며 계획을 세우고, 실천하며, 관리해 왔다고 합니다.

세상에 태어난 아기는 위험하고 불안정한 환경에서 살아남기 위해 자신만의 방식으로 주 양육자가 보내는 메시지를 해석하고 그에 따른 생존 전략을 짭니다. 이 전략은 아이가 성장하면서 강화되기도 하고 버려지기도 하지요. 이 과정을 거치며 아이의 마음에는 신념들이 자리 잡게 되는데요. 훗날 성인이 된 아이는 과거에 만들어진 낡은 신념을 지금, 여기에서도 사용합니다. 왜냐하면 아이의 세계에서는 이러한 신념이 최선의 답이었기 때문입니다. 이 낡은 신념을 향한 믿음이 클수록 자신이 정해 놓은 기준에서 벗어난다면 '그렇게 행동하지 않은 나는 존재할 가치가 없는 사람'으로까지 생각해 버립니다.

결국 감정을 다스리는 사람이
인생을 다스린다

에릭 번은 '인생 각본'이라는 개념을 소개했습니다. 인생 각본은 어린 시절, 부모에 의해 강화되고 일련의 사건들로 정당화되면서 결국 정해진 결말로 흘러가는 인생 계획을 의미합니다. 만족스럽시 않은 삶이 쳇바퀴처럼 반복되는 이유가 바로 이 인생 각본 때문인 것입니다.

이것을 반대로 말하면 나의 인생이 긍정적인 결말로 나아갈 수 있도록 만들 수 있다는 뜻이기도 합니다. 인생 각본에서 자유로운 삶이란 낡은 신념이나 억압된 감정으로 반응하지 않고 지금 여기의 현실에서 반응하고, 느끼고, 사고하고, 행동하는 삶을 말합니다. 부모 자아의 목소리에 맞춰 세상을 바라보거나 살아가지 않고, 마치 갓 태어난 아기가 세상을 보듯이 있는 그대로를 자각하고 받아들이는 것이지요.

또한 현재 상황에 알맞은 자아 상태를 자유롭게 선택해서 사용할 수 있는 삶입니다. 나의 진짜 감정과 욕구를 다른 사람들과 진솔하게 나누며 친밀하게 지낼 수 있다면, 우리의 인생은 늘 반복되어 왔던 부정적인 결말이 아닌 스스로가 바라는 긍정적인 결말로 나아갈 수 있습니다. 과거로부터 유지되던 반복적인 패턴의 고리를 끊고 더 이상 부정적인 감정에 휘말리지 않을 수 있는 것입니다.

우리는 내 안에 살고 있는 부모, 어른, 아이의 세 가지 자아 상태에 대해 알아보았습니다. 자아 상태란 어떤 자극을 인식하고 행동하는 과정에서 일관되게 드러나는 행동, 사고, 감정입니다. 이것들이 모여 개인의 고유한 성격적 특성으로 발현되는 것이지요.

우리는 특히 부모 자아를 집중적으로 조명해 보았습니다. 부모 자아의 메시지가 우리의 마음속에 울려 퍼질 때 이것을 분별해서 듣는 연습을 해 보았습니다. '허가'와 '몰아내기'라는 방법을 이용하면서 말입니다.

다른 사람이 막대기를 들고 나를 때린다고 해서 나도 그 막대기로 나를 때려야 하는 것은 아닙니다. 다른 사람이 나를 미워할 수는 있어도, 나는 나 자신을 미워하지 말아야 합니다. 나를 둘러싼 외부의 환경과 자극에 부디 자신을 괴롭히지 마세요. 우리는 얼마든지 내면의 성장을 방해하는 목소리로부터 자유로워질 수 있습니다. 우리에겐 그럴 만한 힘이 있으니까요. 여러분의 건강한 승리를 빕니다.

참고 문헌

책

- 《TA 개념과 학습전략》, Rosemary Napper · Trudi Newton, 아카데미아, 2014.
- 《교류분석상담의 인생각본 치료》, 문영주, 아카데미아, 2015.
- 《기업과 조직을 살리는 교류분석》, Chris Davidson · Anita Mountain, 학지사, 2015.
- 《기업과 조직을 위한 교류분석 상담》, 줄리 헤이, 아카데미아, 2019.
- 《내 마음은》, 코리나 루켄, 나는별, 2019.
- 《내면부모와 내면아이》, 김중호, 학지사, 2017.
- 《더우면 벗으면 되지》, 요시타게 신스케, 주니어김영사, 2021.
- 《마음을 여는 열쇠》, Claude Steiner, 학지사, 2015.
- 《선과 모터사이클 관리술》, 로버트 메이너드 피어시그, 문학과지성사, 2010.
- 《심상개발을 위한 임상 교류 분석(TA) 프로그램》, 우재현, 정암서원, 1989.
- 《아이는 성공하기 위해 태어난다》, 뮤리엘 제임스 · 도로시 종그워드, 샘터, 2005.
- 《아임 오케이 유어 오케이》, 토마스 A. 해리스, 이너북스, 2020.
- 《에릭 번》, Ian Stewart, 학지사, 2009.
- 《완전한 자기긍정 타인긍정》, 에이미 해리스 · 토머스 해리스, 엘로스톤, 2014.
- 《자기비난적 사고와 치료》, 로버트 파이어스톤 · 리사 파이어스톤 · 조이스 캐틀렛, 학지사, 2022.
- 《재결단치료》, Mary M. Goulding·Robert L. Goulding, 정암미디어, 1993.
- 《친밀한 관계》, Mavis Klein, 아카데미아, 2015.
- 《행복을 부르는 자기대화법》, 파멜라 버틀러, 소울 메이트, 2016.
- 《현대의 교류분석》, Ian Stewart · Vann Joines, 학지사, 2016.

논문

- 〈금지명령 척도 개발 및 타당화〉, 강남욱, 2021.
- 〈교류분석 이론에 근거한 드라이버와 시간구조화 척도 타당성 연구〉, 문호영 · 윤영진, 2021.